MÉMOIRE
JUSTIFICATIF

PUBLIÉ

PAR M. H. DE BARRAU

PRÉSIDENT DE LA SOCIÉTÉ DES LETTRES DE L'AVEYRON,

A LA SUITE DE SA BIOGRAPHIE SUR FEU M. DE MONSEIGNAT

> *Consentienti et volenti non fit injuria.* (Droit romain.)

CORBEIL
TYPOGRAPHIE DE CRÉTÉ ET FILS

—

1862

PRÉFACE

L'apparition d'un écrit historique sur M. de Monseignat a fait éclater contre moi, il y a quelque temps, des plaintes amères. On m'a accusé d'injustice, de mensonge, de haine, de calomnie. Ainsi attaqué dans mon honneur, je me vois contraint de me défendre, et puisque les voies de conciliation que j'ai directement offertes, en sacrifiant les plus justes susceptibilités au bien de la paix, ont été repoussées, je vais le faire en racontant fidèlement tout ce qui s'est passé, et en publiant ou indiquant les pièces authentiques qui ont servi de base à mes appréciations (1). Le public jugera.

(1) La *Société des Lettres*, dans sa séance du 20 août dernier, m'avait autorisé à publier à la suite du volume contenant l'article biographique en question, l'*énoncé de mes pièces de justification*. L'énoncé des pièces a été publié, la brochure qu'on va lire renferme mes observations.

I

PREMIERS FAITS

Un ouvrage sur les Ordres équestres avait été annoncé depuis plusieurs années, comme devant faire suite aux *Documents historiques* et les compléter (1). L'impression de l'ouvrage qui contient des notions sur les anciens Templiers, sur l'ordre de Malte et sur la Légion d'honneur, fut terminée au mois d'août 1861. On en fit aussitôt le dépôt légal, et quelques exemplaires même furent distribués. La *Société des Lettres*, etc., tenait à cette époque une de ses réunions (20 août). Vers la fin de la séance, M. de Monseignat demanda la parole et, dans une réclamation écrite, fit entendre des plaintes fort vives contre un article de ce livre qui était consacré à la mémoire de son père (2). Il alla même jusqu'à traiter de

---

(1) Voir le 1er vol. des *Documents*, pp. x et xiii.

(2) Le livre en question contient une soixantaine de notices biographiques sur les membres aveyronnais de la Légion d'honneur. La biographie si violemment incriminée, était encore inconnue de presque tous les membres présents à la séance, qui, entendant de si violentes clameurs, purent croire à la vérité des accusations portées contre moi.

calomnieuses les assertions de l'auteur, qu'il eut l'inconcevable hardiesse de vouloir faire passer pour anonyme. Devant une si étrange supposition, je m'empressai de déclarer hautement que j'étais l'auteur de l'article et que j'en prenais toute la responsabilité.

Après cette lecture, M. de Séguret prit à son tour la parole et débita, dans le même but, un long discours, ou plutôt un long réquisitoire tout empreint d'exagération, d'emportement et de violence.

Il alla si loin, dans un passage, que, cédant à un mouvement d'impatience, je m'avançai vers lui et lui déclarai que je n'avais jamais souffert les insultes de personne, et que je ne laisserais pas davantage passer les siennes. C'est ce qu'il s'est imaginé depuis d'appeler une *provocation en duel*, quoiqu'il ne fût entré dans ma pensée que de mettre un terme à ses intolérables déclamations (1).

Et à quoi aurait abouti de ma part une provocation? J'étais convaincu que les instincts prudents et le système de haute dévotion de M. de Séguret le mettaient à l'abri de ces entraînements, où se laissent aller trop souvent les hommes braves et généreux, quand il s'agit du point d'honneur, et ma démarche n'eût passé à bon droit que pour une ridicule forfanterie.

Sa théorie du duel, qu'il a pris soin de développer dans la séance du 4 décembre, a pleinement confirmé mes conjectures.

Quand M. de Séguret eut fini, je répondis en peu de mots, que j'avais usé d'un droit incontestable en appréciant à ma manière les actes de la vie publique de M. de

---

(1) M. de Séguret raconte que je prononçai ces paroles : « Je suis prêt à vous rendre raison partout et où vous voudrez. » — Ce qui n'exprime nullement une provocation, mais l'offre d'une satisfaction au cas où il se serait tenu assez offensé par la teneur de l'article pour la demander.

Monseignat, alors que mes appréciations reposaient sur des faits authentiques dont je m'engageais à produire les preuves quand on le voudrait.

Là-dessus, une discussion s'éleva : parmi les adversaires que venait de me créer cette étrange situation, les uns voulaient que mon article fût retiré, les autres qu'il fût démenti, les troisièmes enfin, que son effet fût neutralisé par l'addition, à la fin du volume, d'un article correctif, où les vertus et les mérites du défunt seraient mis en lumière.

L'agitation était au comble ; on avait envahi le bureau ; les motions les plus désordonnées se succédaient sans relâche. On me pressait de consentir à l'emploi des moyens (l'addition d'un nouvel article) si violemment proposés. Mes efforts pour rétablir l'ordre et le calme n'aboutissaient à rien. Enfin, de guerre lasse, et pour mettre un terme à cette scandaleuse scène, le président consentit à suspendre momentanément l'émission de l'ouvrage et à laisser insérer à la fin un nouvel article biographique au gré de la famille de Monseignat ; mais il fut stipulé en même temps, qu'à la suite de cet article M. de Barrau publierait, de son côté, l'énoncé des documents qui avaient servi de base à ses appréciations historiques.

Tel fut le résultat de cette déplorable séance. Dans le procès-verbal qui en fut fait, M. Lunet, secrétaire, déclara que c'était la société qui avait voté l'arrangement ci-dessus, quoiqu'il fût bien notoire qu'il n'y avait eu ni vote ni scrutin, et que la transaction s'était uniquement opérée entre les parties.

II

SÉANCE DU 4 DÉCEMBRE 1861

On a vu dans l'exposé des faits comment la séance du 20 août était devenue une séance de surprise et de tumulte; on a vu comment, tout en tenant la biographie incriminée sous les scellés et en lui interdisant de paraître, on l'avait déférée à l'indignation publique, sous prétexte d'injure, de calomnie et de diffamation.

Le résultat naturel d'une longue suspension était de faire attendre avec impatience la première séance comme le terme d'un jugement définitif. Enfin, se disait-on, il sera donné au public de se prononcer en connaissance de cause. La principale pièce du procès ne peut pas rester plus longtemps ignorée; on ne condamne plus les gens sans les entendre, et si on y a noirci à plaisir la vie d'un compatriote qui a occupé un rang dans notre cité, justice sera faite de cette œuvre coupable par l'opinion publique.

D'autre part, ceux que touchait, en sens contraire, l'espèce de défi jeté à l'auteur de la biographie de justifier convenablement ses appréciations sur la vie politique de M. de Monseignat, attendaient aussi avec non moins d'ardeur le jour de ces justifications.

Ces deux sentiments également légitimes de part et d'autre ne semblaient pas pouvoir être ajournés à plus longue date, et si l'on eût dit que ni l'un ni l'autre n'auraient satisfaction, le public eût refusé de le croire.

Telle était donc la disposition des esprits lorsque la séance s'ouvrit le 4 décembre dans l'après-midi. Après l'épuisement des affaires à l'ordre du jour, le président titulaire quitte le fauteuil qu'il ne peut occuper dans sa propre cause et invite M. de Guizard, président honoraire, présent à la séance, à prendre la présidence; il ne pouvait y avoir de doutes sur les droits de M. de Guizard au fauteuil, puisque seul, parmi les membres présents, il avait le titre de président honoraire (1) : en l'y appelant, le président titulaire plaçait d'ailleurs la discussion sous une influence impartiale autant qu'honorable, puisque la famille de Monseignat elle-même avait invoqué le nom de M. de Guizard, et avait placé celui-ci au premier rang de cette pléiade d'hommes éminents dont elle faisait un cortége et une sauvegarde à la mémoire de son père.

Cependant à peine M. de Guizard s'était-il levé, que M. de Séguret, prenant d'office les honneurs de la séance, invitait M. le préfet à occuper le fauteuil ; et M. le préfet, paraissant parfaitement familiarisé avec cette idée, s'y établissait aussitôt.

Nous ne jugeons pas, nous ne faisons que rapporter. Cependant, il est difficile de ne pas voir dans cette manière d'agir une irrégularité qui inaugure la séance du 4 décembre de façon à continuer les surprises de celle du 20 août, comme si tout, dans cette affaire, devait,

(1) M. de Guizard était président honoraire depuis le 28 novembre 1841.

depuis le commencement jusqu'à la fin, être marqué du sceau de l'imprévu et de l'oubli des règles normales.

Cette séance du 4 décembre, ainsi inaugurée, ramène un souvenir dont on me pardonnera de ne pas me défendre, et un anniversaire dont on peut bien dire ce qu'on dit des jours : qu'ils se suivent sans se ressembler. — Presque à pareil jour, il y avait dix ans, le président de la *Société des Lettres* couvrait de son corps la personne du préfet, défendant l'inauguration de l'empire naissant contre une multitude furieuse qui voulait s'emparer de l'autorité, dût-elle en faire passer le représentant par les fenêtres. La lutte fut longue et énergique; la courageuse résistance du premier magistrat du département, appuyée sur celle des amis de l'ordre, préservèrent la ville et le pays de grands désordres et peut-être de grands malheurs. M. de Monseignat n'était pas ce jour-là auprès de M. le préfet, ou du moins il n'y était pas du même côté que le président de la *Société des Lettres* et avec les amis de l'ordre. Tout le monde le sait et d'ailleurs, si nous nous trompons, ceci lui offre un bon moyen de démentir ce qu'on dit alors si haut (1).

Mais voyez comment vont les choses ! On eût pu croire que M. de Monseignat manquait, ce jour-là, une de ces bonnes occasions dont on le dit si friand, de bien mériter de la patrie, en devinant un succès qui ne fit pas défaut à l'empire, contesté d'abord et bientôt triomphant. M. de Monseignat aurait pu trouver de ces traditions dans sa famille, et des théories à l'usage des amis du lendemain. Eh bien, telle est la fatalité des choses et tel est

(1) Personne n'a perdu la mémoire de cette journée du 3 décembre 1851, où les principaux membres du parti républicain, réunis dans les cafés de la ville, procédaient à leur organisation politique. Pendant qu'ils délibéraient ainsi, un personnage *anxieux* tournoyait autour de la table où se pressaient les votants, cherchant à gagner leurs suffrages. C'était M. de Monseignat.

le bonheur de certaines étoiles, que c'est par la voie opposée, que M. de Monseignat fils arrivait à la faveur et obtenait le patronage de l'empire, près du successeur de ce préfet des premiers jours, auquel il avait souhaité une si étrange bienvenue.

Mais le 4 décembre 1861, il ne s'agissait plus de l'empire naissant et contesté, ni de l'ordre public menacé ; dix ans s'étaient écoulés, comme nous l'avons dit : il s'agissait du paisible empire des lettres à envahir pour y étouffer la liberté de l'histoire, et l'ancien champion de la liberté populaire qui avait suivi le flot montant de l'agression du 4 décembre 1851, se plaçait au 4 décembre 1861, pour un intérêt bien différent, à l'ombre tutélaire de M. le préfet Desmonts, engagé dans cette cause, on ne sait trop comment, et peut-être aussi par surprise, car on a de la peine à comprendre quel intérêt administratif pouvait avoir M. le préfet à ce que M. de Monseignat fils gênât, dans un ouvrage historique, la liberté d'appréciation de la conduite politique de son père ; comme si les tribunaux ordinaires, armés de toutes les lois qui protégent les familles contre la diffamation, n'offraient pas de suffisantes garanties.

C'est cependant dans ces circonstances, que M. le préfet, par un oubli du passé, qui ne pouvait être généreux pour les uns, sans être un peu désobligeant pour les autres, couvrait la confédération Monseignat-Séguret, et prenait possession du fauteuil sur leur invitation.

Mes sentiments de déférence envers l'autorité, et le désir d'éviter à mes confrères une situation contrainte, ne me permirent pas d'engager une lutte à cette occasion dans le sein de la réunion ; il me sera bien permis ici de faire remarquer qu'en quittant la présidence que je ne pouvais conserver, puisqu'il allait être question de moi, j'usais d'un droit aussi légitime qu'incontesté, en appelant au fauteuil le seul président honoraire, présent à la séance et qui seul avait qualité pour l'occuper.

On n'a pas perdu de vue quel était pour moi l'intérêt de cette séance; j'avais deux satisfactions à obtenir : la première était la production de la biographie tant accusée et si étroitement tenue en chartre privée, par ceux-là mêmes qui la dénonçaient au public, comme coupable de toute sorte de noirceurs. Il semblait temps enfin de mettre un terme à ce système ténébreux de prévention, dont le but, facile à découvrir, tendait à donner force de chose jugée à des accusations accumulées contre une pièce non produite, et soigneusement interdite à la connaissance des juges qui devaient en connaître.

La deuxième, non moins importante que la première, était la production des pièces à l'appui, c'est-à-dire, la justification par documents historiques d'une authenticité incontestable, de mes appréciations sur la vie politique de M. de Monseignat. J'avais été formellement accusé d'avoir calomnié sa mémoire; cette accusation, livrée à la presse périodique, avait retenti dans les trois journaux du département; il y avait donc, non-seulement un droit rigoureux pour moi d'être admis à justifier mes assertions, mais même obligation, à peine de rester sous le coup de l'accusation. Ce sont là des choses si élémentaires, des droits si empreints dans toutes les consciences, qu'on a de la peine à concevoir qu'on ait pu les mettre en question. Voyons cependant comment les choses se sont passées.

Un membre ayant demandé que lecture publique fût donnée à l'assemblée de la biographie qu'elle était appelée à apprécier, une voix s'éleva contre cette demande par la considération que la biographie était déjà *connue* de tous les sociétaires. Des déclarations contraires partirent de plusieurs points de la salle. Ces protestations furent considérées comme non avenues et l'on passa outre.

Il fut donc, ce jour-là, posé en droit dans la Société des Lettres, que pour apprécier la biographie de M. de Monseignat père, et savoir si l'auteur de cette biographie avait à plaisir noirci sa mémoire, ou s'il s'était renfermé dans les justes limites d'une critique historique, il n'était pas nécessaire que tous ceux qui devaient décider cette question eussent connaissance de la pièce mise en prévention.

Inaugurée sous de si étranges auspices, la séance du 4 décembre menaçait de n'être qu'une digne suite de celle du 20 août précédent.

La ligue s'était renforcée et avait appelé à son aide les puissances étrangères; il ne fallait rien moins en effet, pour qu'au sein d'une société des lettres on pût espérer de trouver secours et assistance pour étouffer l'essor de la liberté historique qui, persécutée au dehors, devait naturellement trouver un refuge assuré dans son enceinte.

Pauvre liberté, bien lui en vaut d'avoir la vie dure, à voir tant d'ennemis conjurés contre elle ; et que Fontenelle avait raison pour son repos, lorsqu'il disait, que s'il en avait les mains pleines, il se garderait bien de les ouvrir !

Qu'elle ait des ennemis et des adversaires chez tous ceux qu'elle blesse dans leur intérêt, cela se comprend encore, car on ne peut espérer de l'humaine nature un tel respect pour cette fille du ciel, qu'elle puisse s'immoler sur son autel.

Mais que dire de ces gens débonnaires qui la délaissent par entraînement et sans conscience de ce qu'ils font ! Que dire de leur cohue, faisant cortége aux oppresseurs des droits les plus saints, et jetant au besoin la pierre à la liberté qu'on enchaîne ou à la justice qu'on trahit, comme si la liberté et la justice n'étaient pas un patrimoine commun ! Des deux satisfactions que j'avais à poursuivre, on vient de voir ce que devenait la première par le refus de laisser faire lecture de la pièce arguée.

La deuxième était liée à la première comme une conséquence est liée à son principe. En effet, comment mettre au jour les preuves dont j'avais les mains pleines, pour établir que je n'avais pas calomnié la mémoire de feu M. de Monseignat, que le jugement que j'avais porté sur sa vie politique était resté dans les plus strictes limites de mes droits d'historien, que je ne l'avais point diffamé, que j'avais au contraire usé d'une grande modération envers lui, en gazant une longue suite de détails qui auraient singulièrement rembruni le portrait, si j'avais voulu le noircir avec un malin plaisir ; comment, dis-je, pouvais-je établir tout cela, alors qu'on venait de m'interdire la lecture de cette biographie si méchamment coupable, au dire de mes adversaires, et de la soustraire à la connaissance et à l'examen de ceux qui devaient en connaître ?

Cette situation, fausse pour ma défense, devait me faire pressentir que je n'obtiendrais pas plus de liberté pour la suite de ma justification : cette prévision ne tarda pas à se réaliser. Cependant j'obtins la parole de M. le président et commençai la lecture de mes observations (1), qui continua jusqu'au point où M. Desmonts jugea à propos de m'interrompre et de m'arrêter. Jusque-là, j'avais été écouté par l'assemblée sans interruption, sans murmure, sans que le moindre signe d'impatience ou d'improbation se fût manifesté ; mon

---

(1) Reproduites ci-après.

droit de légitime défense paraissait devant tous exercé avec modération et convenance, lorsque, je le répète, M. le président, obéissant à des impressions toutes différentes de celles de la Société, m'interrompt en me disant que je suis hors de la question, qu'il ne s'agit pas de cela, que le seul objet, le seul but de la délibération est l'acceptation ou le rejet du procès-verbal de la précédente séance dont la lecture avait été donnée au début.

En sorte qu'après avoir été, dans une première séance, l'objet d'une surprise et d'une violence inouïes; après y avoir été traité de calomniateur et de diffamateur, lorsque j'en appelais à la Société mieux informée et moins surprise, pour établir que je n'avais ni calomnié ni diffamé, pour prouver que j'étais demeuré dans les limites du droit commun, que j'avais même agi avec modération, on m'ôtait la parole, on me réduisait au silence, sous prétexte que je sortais de la question et qu'il ne s'agissait que de voter sur le procès-verbal !

Si la chose ne s'était accomplie devant quarante témoins et en séance publique, l'on refuserait d'y croire !

Rapporter les faits est pour moi suffisante satisfaction d'une telle justice et me dédommage largement du triomphe éphémère que mes adversaires ont obtenu sous l'égide de M. Desmonts.

Ils avaient compris que sans une influence étrangère, ils n'auraient pas pu, au sein d'une société libre, m'accuser, et à la fois me défendre de me justifier; que c'était là le plus impossible des despotismes.

Ce qu'ils avaient obtenu une première fois par la surprise, ne pouvait plus être renouvelé par les mêmes moyens; mais leur esprit fécond en ressources, leur avait révélé tout ce qu'on peut obtenir d'une association d'hommes d'ordre, en se montrant sous l'écharpe du magistrat et que, masquant une audace peu commune derrière des apparences d'autorité publique, on peut bénéficier d'une autorité d'emprunt, comme des troupes ennemies prennent un faux drapeau pour forcer par surprise le camp opposé.

A peine la décision m'avait-elle été signifiée, que le trouble avait augmenté dans l'assemblée; en vain un membre qui, par son ancienne position administrative dans le département, par celle qui lui revenait dans l'assemblée même et dont on l'avait frustré par une évolution dont l'habileté stratégique voilait cependant fort mal l'irrégularité, en vain ce membre voulut user du droit qu'on ne refuse à personne dans une assemblée régie convenablement, de présenter quelques observations, sa voix fut bientôt couverte par celle de M. de Séguret, et d'une façon si peu parlementaire, qu'il serait difficile de la traduire sans en compromettre l'exactitude. — « Ah! vous voulez parler, monsieur, lui dit-il en s'exclamant, eh bien, parlez, parlez, parlez; on parlera aussi, on parlera, on parlera, etc. »

Tel fut le ton de la discussion qui suivit et qui s'émailla de maintes aménités de ce genre, sans qu'il fût possible à M. le président de faire rentrer dans l'ordre la tempête qu'il avait déchaînée.

Je ne veux pas relever tous les tristes détails de cette séance qui vit sacrifier à la fois les formes protectrices de la justice et la justice elle-même.

Cependant il est un incident qui ne peut être passé sous silence et qui mérite d'être relevé.

Pour laisser aux votants l'usage de toute leur liberté, j'avais jugé convenable de préparer les moyens de scrutin secret, lorsque la demande en serait faite par la Société. Une telle mesure ne pouvait déplaire qu'à ceux qui auraient eu l'intention d'exercer une pression peu avouable sur les votants, et il semblait difficile que qui que ce fût voulût se démasquer au point de rejeter ouvertement ce mode de voter, surtout lorsqu'un tel avis coïncidait avec l'arrivée imprévue de M. Desmonts venant s'asseoir au fauteuil de la présidence.

Ce courage, difficile à comprendre, M. de Séguret n'hésita pas un instant à le montrer, et rien n'est comparable au tour oratoire à l'aide duquel il escalada la difficulté. Il faut avoir entendu son appel pathétique à l'indépendance des caractères, à la dignité du suffrage librement exprimé, et surtout au souverain dédain que méritent ceux qui cachent leur vote, pour comprendre le sublime du genre. — « Ne vous cachez pas, messieurs, dans la libre expression de vos jugements, votez à haute voix, rejetez ces honteux moyens de scrutin secret imaginés par la peur ! » Il n'oubliait que d'ajouter : M. le Préfet qui vote avec nous vous observe !

Après cette harangue, la séance, en proie à la même confusion et au milieu d'une discussion sans ordre, se continua sur la position de la question. M. le Préfet, maintenant qu'il ne s'agissait que de voter ou de rejeter le procès-verbal de la précédente séance, refusa de mettre aux voix les conclusions en cinq ou six lignes qui terminaient les observations, dans la lecture desquelles j'avais été interrompu. (Voir plus loin ces conclusions page 80.)

La question du procès-verbal fut donc mise aux voix, et grâce à quatre ou cinq abstentions, grâce peut-être aussi à la présence de M. le Préfet, grâce enfin à une erreur dans l'émission des boules, erreur qui donna à mes adversaires deux voix qui ne leur étaient pas destinées, ils triomphèrent à la majorité de dix-neuf voix contre dix-sept.

Que résultait-il de ce triomphe ? C'est ce qu'il serait

2

difficile de définir. Le procès-verbal, qu'on arguait d'irrégularité, était tenu pour parfaitement régulier, mais après cela rien ne changeait la position respective des parties. On avait arrêté la libre expression de ma défense contre les attaques de calomnie et de diffamation auxquelles j'avais été publiquement en butte, mais, ainsi gêné dans le libre essor de mes droits, je demeurais libre d'aller chercher justice dans un champ plus vaste, et c'est ce que je fais aujourd'hui près d'un tribunal dont je ne crains pas le jugement, dès l'instant que je puis mettre les pièces du procès sous ses yeux.

III

INCIDENT DU 26 JANVIER

(Séance du comité permanent)

L'incident du 26 janvier mérite sa place à part, dans cette revue de menées dont l'affaire qui nous occupe a été circonvenue depuis le premier jusqu'au dernier jour.

En autorisant la famille de Monseignat à introduire à la fin du volume sur les Ordres équestres une notice de sa façon, comme nous l'avons déjà dit, je l'étais, de mon côté, à énoncer les sources et documents où j'avais puisé pour asseoir mon jugement.

En limitant ainsi nos droits respectifs, la Société avait voulu prévenir de nouveaux conflits. Je n'en avais pas demandé davantage et ce n'était pas trop, car moins que cela eût été un vrai déni de justice. Or, il advint qu'en envoyant au comité permanent, institué juge du camp, l'énoncé de mes documents, je commis quelques omissions; m'en étant aperçu plus tard, je complétai ma nomenclature et l'adressai de nouveau avec quatre indications supplémentaire au secrétaire de la société.

L'esprit de la décision n'a pas besoin de commentaire et saute aux yeux de prime abord. J'avais été accusé de calomnie, j'étais autorisé à prouver par l'indication des documents où j'avais puisé, que je n'étais pas un calomniateur ; mais pour prévenir toute nouvelle polémique, je devais me borner à de simples indications de titres. Vouloir limiter le nombre de ces indications sous prétexte que j'en avais produit un premier état sur lequel ne figuraient pas celles que j'avais omises par inadvertance, était une si misérable argutie que, pour la produire au grand jour, il fallait un degré de confiance nourri de toute sorte de succès. On en avait trouvé la veine dans la séance du 4 décembre ; on résolut d'en poursuivre la facile exploitation, et cette fois encore on eut recours à M. le préfet Desmonts.

M. le Préfet, mais qu'a-t-il à faire là dedans, direz-vous ? Ses loisirs administratifs pourraient, je n'en disconviens pas, avoir un but plus haut et surtout plus en harmonie avec sa position.

Oui, M. le Préfet, venant de sa personne au sein du comité permanent, où nul article du règlement n'autorisait sa présence, a occupé d'autorité le fauteuil de la présidence et y a fait entendre un langage qui, pour être poli dans la forme et peut-être bienveillant dans son intention, n'en était pas moins une menace de rigueur pour la Société, si le bruit de nos contestations était entendu. Sans doute il est tutélaire de rétablir la bonne harmonie où elle s'est altérée, mais nous avions cru jusqu'ici que rétablir l'harmonie, c'était maintenir chacun dans ses droits, et il ne nous était pas venu dans l'esprit, que tronquer une défense, se prévaloir d'un oubli, exciper d'une forme de procédure sans application convenable, fût un acte d'arbitrage impartial.

Dans cette situation, et pour éviter d'orageuses discussions que je voyais prêtes à éclater, je pris le parti soudain de renoncer à mes justes prétentions et de laisser les nouveaux articles de côté. Je ne pouvais oublier malgré tout que mes devoirs de président étaient de couvrir la Société et de ne pas lui créer une situation perplexe.

De ce qui précède on est en droit de conclure :

1° Qu'on a ingéré mal à propos la Société des Lettres dans une affaire qui ne la regardait nullement, et d'autant moins que l'auteur de l'article attaqué en avait assumé sur lui toute la responsabilité ;

2° Que la famille de Monseignat agit avec une grande imprévoyance et contre ses intérêts, en attirant, par ses récriminations, l'attention publique sur un article fort modéré au fond et qui serait passé à peu près inaperçu, et en mettant l'auteur, par d'injurieux démentis, dans la nécessité de porter à la connaissance de tous des pièces fort compromettantes, qui, sans cet incident, seraient demeurées à jamais cachées ;

3° Que les séances tumultueuses qui ont eu lieu et l'attitude agressive des partisans de M. de Monseignat, ont fait perdre un temps précieux à la Société, en la détournant de ses paisibles travaux et ont produit, je le dis avec regret, une très-fâcheuse impression dans le public.

Mais il est temps de faire connaître les pièces du procès, et d'abord celle qui a excité un si bruyant courroux de la part de ceux qui ne la connaissaient même pas.

IV

NOTICE BIOGRAPHIQUE SUR M. DE MONSEIGNAT (1)

Félix-Hippolyte de Monseignat, né à Rodez le 7 juin 1764, jurisconsulte, membre de plusieurs législatures, chevalier de la Légion d'honneur, fit avec distinction ses études au collége de Rodez. Jeune encore quand la Révolution éclata, il en devint enthousiaste et embrassa sa cause avec chaleur. Il y avait alors une certaine gloire à signaler les abus, à provoquer de salutaires réformes dans l'administration publique. Mais il était bien difficile, une fois engagé dans cette voie, de ne pas dépasser les limites au delà desquelles le droit cesse et la révolte commence. C'est ce que les événements ne prouvèrent que trop. Né d'une famille riche et bien posée, M. de Monseignat n'avait pas, comme tant d'autres, à chercher sa fortune dans un bouleversement social. Cédant à ses convictions ou à la force du courant, quand il pouvait être honorable d'être révolutionnaire, il le demeura

(1) *Livre des Ordres équestres*, p. 409.

pourtant lorsque ce rôle n'était plus avouable chez le bon citoyen.

Le premier acte qui le fit connaître avec avantage fut une lettre qu'il écrivit, le 17 septembre 1790, à Alexandre Lameth, pour qu'il demandât à l'Assemblée nationale la publicité des séances en faveur des corps administratifs des départements.

Quand les théories du gouvernement constitutionnel furent abandonnées par les partisans de la révolution et que les idées républicaines prévalurent, M. de Monseignat se fit républicain. Il se rangea toutefois du côté de ceux que les apparences du patriotisme et l'éclat des talents semblaient rendre plus propres à conduire les affaires (les Girondins). Il s'associa à tous leurs actes, qui furent souvent, il ne faut pas se le dissimuler, empreints de beaucoup de violence. On connaît l'existence éphémère de cette faction et l'aveuglement dont elle demeura frappée jusqu'à la fin. La tête était abattue au sein de la Convention nationale que, dans plusieurs départements, les adeptes s'agitaient encore pour venger une défaite trop méritée. A Rodez, où cette cause avait excité de vives sympathies, l'attitude des corps administratifs fut menaçante. Le conseil du département exprima sa pensée sur les événements du 31 mai avec une liberté et une rudesse de langage que peut seule expliquer l'illusion puérile dont se berçaient quelques départements méridionaux sur l'issue de cette lutte célèbre. Il était sans doute honorable, dans cette circonstance, de protester contre les violences d'une minorité factieuse, qui, pour saisir le pouvoir, abattait et proscrivait ses rivaux jusque dans le lieu qui aurait dû être pour eux un asile inviolable.

Mais on regrette que les vaincus n'eussent éprouvé aucun scrupule de ce genre lorsque, peu de temps auparavant, maîtres de la situation, ils avaient fait si bon marché de tout ce qui était garanti par la constitution et de la royauté elle-même.

Monseignat et Cambes furent chargés de porter cette adresse à Paris. Les dispositions qu'ils rencontrèrent dans cette capitale empêchèrent l'accomplissement de leur mission. Ils se renfermèrent dans un discret silence et s'en retournèrent à petit bruit.

M. de Monseignat, de retour, crut ne pouvoir mieux faire, pour faire oublier son erreur, que de mettre son patriotisme au service des montagnards vainqueurs, et telles étaient les ressources fécondes de son esprit et la résignation de son caractère qu'il resta presque seul debout au milieu de la déroute de ses amis politiques, expulsés, proscrits, emprisonnés et qu'on put croire qu'il avait trouvé grâce pleine et entière auprès des vainqueurs. Ceux-ci mettaient son intelligence et son instruction à profit dans les affaires épineuses. Au club, on confiait la rédaction des adresses, des lettres, des procès-verbaux de quelque importance à sa plume élégante et facile; on lui donnait de fréquents témoignages de confiance, et quand il fut assez compromis par sa participation aux actes du parti Jacobin, voilà qu'un beau jour, sur un ordre du Comité de sûreté générale, il est arrêté et conduit à Paris.

Il fit le voyage côte à côte avec un royaliste prononcé, M. Le Normand de Bussy, ancien receveur particulier des finances, qui dut être fort étonné que des routes si différentes menassent au même terme. Celui-ci se montra fort abattu pendant le trajet, tandis que le jeune républicain charmait les ennuis du voyage par l'enjouement de son caractère et les saillies de son esprit. Il aurait eu pourtant quelque droit de ressentir de l'humeur contre cette révolution ingrate, cette mère dénaturée qui, pour nous servir de l'expression de Vergniaud,

« semblable à Saturne, dévorait ses propres enfants. »

Cependant, la Société populaire de Rodez, où il comptait beaucoup d'amis, s'émut du danger qui menaçait sa tête. Dans une séance du 6 thermidor, elle reconnut et déclara « que le citoyen Monseignat, après son retour de Paris, avait franchement avoué son erreur; qu'il avait reconnu que l'insurrection du 2 juin était légitime et que le côté gauche de la Montagne voulait sincèrement et voulait seul la République une et indivisible; qu'à son arrivée, il s'était empressé de provoquer des autorités constituées le rapport des arrêtés liberticides qu'elles avaient déjà pris. »

Nonobstant cette intervention protectrice des montagnards de Rodez, il est fort incertain que l'ancien girondin eût échappé à la hache révolutionnaire, si le dictateur Robespierre, par un revirement inattendu, n'eût été précipité lui-même du pouvoir.

M. Monseignat revit donc sa ville natale, ses parents, ses amis. Les affreux montagnards furent détrônés à leur tour. Des voix vengeresses s'élevèrent contre ces hommes teints de sang. La société populaire de Rodez, affranchie de leur joug, voulut constater dans un monument authentique tous les faits qui se rattachaient à leur domination sauvage, et chargea principalement M. de Monseignat de ce rapport. Dans cette pièce, que nous avons sous les yeux, on fait, en effet, le tableau le plus sombre de tous les excès, de toutes les vexations, de tous les crimes enfin commis par les montagnards de Rodez, à partir de l'irruption de l'armée révolutionnaire qui ouvrit, d'après certaines gens, dans nos murs, l'ère de la Terreur. Mais le mémoire est muet sur ce qui s'était passé antérieurement à cette époque, quoique des violences sans nombre eussent été commises; c'est que la Terreur ne s'étendait alors que sur les anciens partis monarchiques, et que les girondins n'avaient garde de récriminer contre une tyrannie dont ils avaient été eux-mêmes les fauteurs. Leurs yeux ne se dessillèrent, leurs cœurs ne s'amollirent que lorsque le vent de l'adversité souffla sur eux.

M. de Monseignat fut ensuite député au conseil des Cinq-Cents et y siégea jusqu'au 18 brumaire.

Tout le monde connaît la situation désespérée que les révolutionnaires du Directoire avaient faite à la France quand l'heureuse audace d'un guerrier couronné par la victoire vint l'arracher de leurs mains. M. de Monseignat était à Saint-Cloud lorsqu'il fallut céder à la force et abandonner précipitamment sa chaise curule. Un secret instinct lui faisait entrevoir l'avenir, un rayon du soleil levant avait illuminé sa conscience. Il ne prit donc pas les choses au vif comme son collègue Aréna, et subit sans murmure sa destinée.

Cette modération intelligente lui ouvrit les portes du Corps Législatif le 4 nivôse an VIII.

La même faveur lui fut accordée deux ans après (22 ventôse an X) par le Sénat, appelé par la Constitution consulaire à choisir sur l'assemblée précédente les quatre cinquièmes de ce corps.

M. de Monseignat, homme d'élite, méritait sans doute d'occuper une place parmi nos législateurs; mais ce qui fit décidément pencher la balance de son côté, ce fut l'influence du général de Beurnonville, fortement exercée en sa faveur, à la prière d'un ami commun (1).

Le Consulat avait été la transition naturelle du gouvernement démagogique au gouvernement absolu. Pendant cette période, l'autorité publique avait repris son auréole, les esprits les plus récalcitrants étaient rentrés

---

(1) M. de Solanet.

dans l'obéissance. Aussi, lorsque l'Empire s'éleva, ce fut un curieux spectacle de voir les anciens membres de nos assemblées souveraines, tous ces démocrates et ces fougueux tribuns, courber silencieusement la tête et former près du nouveau maître une cour nombreuse, qui se trouva heureuse d'accepter les emplois, les honneurs, les dignités, les titres même de noblesse qu'il plut à Sa Majesté Impériale de répandre autour d'elle.

Grâce à la double faveur de ses concitoyens et du gouvernement, M. de Monseignat se perpétua dans les législatures pendant presque toute la durée du régime impérial. Le métier n'était plus périlleux, et il était bien temps que les assemblées législatives, après de si longs et si dangereux ébats, rentrassent dans le calme et jouissent de quelque repos.

Bien des républicains qui en faisaient partie durent reconnaître que le despotisme impérial valait mille fois mieux pour eux que la république, objet de leurs rêves passés. Du moins alors on ne les envoyait pas à la mort pour de bons avis, et on les payait même quelquefois pour de mauvais.

Nommé membre de la commission de législation civile et criminelle au Corps Législatif, le 9 décembre 1809, M. de Monseignat fut d'abord rapporteur et puis président de cette commission. C'est ainsi qu'il prit une part active à l'élaboration du Code dont l'empereur Napoléon dota la France.

La croix de la Légion d'honneur fut la récompense honorifique de ses travaux en 1810, et, l'année suivante, il fut nommé conseiller de préfecture.

Quand la dernière heure de l'Empire sonna, M. de Monseignat exerçait paisiblement ces dernières fonctions au chef-lieu de son département. Le gouvernement royal l'y maintint, ce qui n'empêcha pas qu'après le retour de l'île d'Elbe il n'acceptât de ses concitoyens le mandat d'aller au Champ de Mai cimenter l'alliance du second empire avec la vieille république. Cette mission, comme on le sait, fut courte et malheureuse. L'Empire fut une seconde fois brisé, et la Restauration bouda un peu le député du Champ de Mai; mais, en définitive, comme elle avait un faible pour les hommes de talent de tous les régimes, elle oublia bientôt le passé, et une ordonnance royale du 21 juillet 1821 réintégra M. de Monseignat dans sa place de conseiller de préfecture qu'il a conservée jusqu'au moment où, vers la fin de sa vie, il l'a fait passer sur la tête de son fils.

Les allures d'un gouvernement monarchique convenaient mieux, il faut l'avouer, au caractère de M. de Monseignat que les agitations d'une turbulente démocratie. Possesseur d'une fortune considérable, essentiellement homme du monde, recherché autant par l'aménité de son caractère que par les agréments de son esprit, sa place était marquée plutôt dans les salons aristocratiques que dans les conventicules d'une populace déguenillée.

Malheureusement ou heureusement, M. de Monseignat avait une excessive répugnance à renoncer à toute participation aux affaires publiques. Il n'a jamais compris, nous en sommes certain, un patriotisme qui se condamne à l'inaction et à l'oubli, plutôt que de servir sous un pouvoir antipathique. On pourrait bien soupçonner aussi, mais ceci n'est qu'un doute, que le patriote de 89 n'avait pas vu sans un secret plaisir l'abaissement de cette orgueilleuse aristocratie dont il venait à peine de toucher le seuil (1) lorsque les décrets nationaux la firent disparaître.

Quant à la résistance active, à l'opposition ardente, il

(1) M. de Monseignat, père de celui qui fait l'objet de cet article, avait été anobli par charge en 1782.

n'en faut point parler. Depuis la terrible épreuve du mois de mai 93, il ne pouvait venir à l'esprit de l'ancien girondin de se heurter contre le plus fort. L'homme paisible du cabinet ne pouvait bonnement compromettre sa sûreté, son repos, son simple bien-être dans un rôle si dangereux. Il se contentait de se laisser aller tout doucement au courant, en concentrant toutes les forces de son intelligence et de son adresse pour ne pas sombrer.

Quand les ordonnances de juillet précipitèrent la crise que l'opposition libérale préparait à la France, le conseiller de préfecture traversa la tourmente sans encombre et son crédit ne perdit point au change. Du reste, si sa conduite fut habile, elle fut modérée, et, sur ses vieux ans, il sut se préserver de cette politique violente qui trouve tant de promoteurs aux temps de révolution et dont une longue expérience lui avait appris le danger.

M. de Monseignat est mort fort chrétiennement à Rodez au sein de sa famille, le 4 décembre 1840.

V

RÉCLAMATIONS DE MM. DE MONSEIGNAT ET SÉGURET (1)

M. Hippolyte de Monseignat demande la parole et s'exprime ainsi :

« Messieurs et chers collègues, un livre sans nom d'auteur a paru, contenant la biographie d'un certain nombre d'Aveyronnais qui ont laissé un nom plus ou moins illustre dans leur pays.

« Notre Société dit quelque part dans ce livre, qu'elle n'entend pas se prononcer sur les appréciations qui s'y produisent ; mais elle prend, toutefois, sous son patronage la publication de l'œuvre et fournit les frais d'impression.

« Qui donc porte la responsabilité des articles qui ont paru ? Si c'est la Société, pourquoi ne lui a-t-on pas communiqué les projets de ces articles, qui peuvent être ou erronés, ou diffamatoires ? Si ce sont les auteurs, pourquoi leur accorder une sorte d'appui moral en leur donnant les moyens de faire paraître des écrits dont personne

(1) Extrait du procès-verbal de la séance du 20 août 1861.

n'a été appelé à apprécier la convenance? — Non, je ne crois pas que la Société veuille s'associer à tout ce qui a été dit par un anonyme contre un homme qui a été connu de plusieurs d'entre vous. Il y a ici une surprise que j'ai le droit et qu'il est de mon devoir de vous signaler au nom de toute une famille outragée.

« Au milieu d'un grand nombre de biographies composées avec la bienveillance due à des compatriotes qui honorent notre département, je trouve sur mon père quelques pages remplies de fiel, où les insinuations les plus fausses et les plus injurieuses percent depuis la première jusqu'à la dernière ligne. — L'auteur anonyme, remontant aux premiers jours d'une révolution qui remua le monde, parle du rôle qu'y joua, dans les premiers jours, M. de Monseignat. — Il fait bon, sans doute, après plus de soixante années d'un calme relatif, dans le silence du cabinet et à l'abri de toute atteinte du danger du dehors, apprécier et critiquer à son aise, et selon ses passions, les actes de ceux qui eurent le courage d'entrer dans cette mêlée terrible.

« Ah! vous relevez quelques nuances de rédaction dans certains rapports : vous blâmez, en les isolant, quelques faits que vous jugez illégaux ou coupables, sans penser à l'ardeur du combat et à l'improvisation forcée des décisions! Et vous prononcez, après coup, sur le point où finit le droit, où la révolte commence!

« Vous êtes très-habile, vraiment! — Eh bien, nous sommes plus courageux et plus franc. — Tout ce que vous savez sur le compte du jeune homme qui, au début de sa carrière au barreau, risquait tous les jours sa vie pour défendre celle de ses concitoyens, dites-le, et si, dans l'effervescence de l'âge, sous l'empire des événements inouïs qui se passaient, entraîné par des sentiments dont s'honoraient alors les représentants les plus dignes de toutes les classes, vous trouvez un mot trop vif, plus que cela même, dites-le; mais alors dites tout. Voulez-vous faire de l'histoire ou du pamphlet? Êtes-vous honnête homme ou ne l'êtes-vous pas? Si vous l'êtes, pourquoi laisser dans l'ombre tout ce qu'il y a de bon et de beau à rappeler sur un de vos concitoyens, pour donner à toutes ses actions une interprétation dictée, je ne dirai pas par la vengeance, car je ne connais pas un homme au monde auquel mon père n'ait fait du bien, s'il l'a pu, mais par un penchant haineux tout à fait inexplicable?

« Pardonnez-moi, Messieurs et chers Collègues, d'entrer dans ces détails. Il semblerait, d'après ce qu'avance l'auteur, que mon père, guidé dans tous ses actes par une ambition démesurée des emplois publics, aurait eu le tort d'accepter des fonctions sous plusieurs des gouvernements qui se sont succédé. Mais ne voyez-vous pas que vous faites là le procès de presque tous ceux dont l'éloge est consigné dans le livre en question, et, parmi les plus honorables, n'en voyons-nous pas aujourd'hui qui ont servi sous le premier Empire, sous la Restauration, sous la récente République, sous l'Empire nouveau? Qui donc a le droit de les en blâmer? qui peut apprécier les motifs de leur conduite? Est-ce qu'un militaire, un juge sert un gouvernement? Il sert son pays, il sert la justice et il sert avec honneur jusqu'au moment où on lui demanderait d'agir contre sa conscience. — Vous êtes bien jeune ou bien pur, vous qui vous permettez de censurer si amèrement ceux qui ont mis leurs facultés au service de l'État sous des gouvernements qu'ils n'avaient pas toujours désirés, mais qu'ils acceptaient par raison, par nécessité, par crainte des maux qui résulteraient de l'absence de tout pouvoir. — Et voyez comme le jugement de l'auteur anonyme tombe bien ici. — Cette ambition insatiable et toujours inassouvie ne s'arrête que devant la place de conseiller de préfecture à Rodez, un juge administratif aux appointements de 1,200 fr. !

« Et c'est cet homme dont vous dites que le soleil levant du 18 brumaire éclaira la conscience ! Qui êtes-vous donc pour juger les consciences ? Nous repoussons votre jugement de toute la force de notre indignation. — Jugez donc aussi la conscience de tous ceux qui, avec une persistance dont s'honore à toujours notre famille, envoyaient aux diverses législatures, pour la représenter, l'homme que vous ne comprendrez jamais.

« J'ignore qui vous êtes ; mais j'affirme que vous n'avez jamais connu la gloire d'être librement élevé par la voix de ces concitoyens qui vous disent : « Allez, vous « êtes le pays tout entier, allez défendre nos droits ; nous « nous confions à votre patriotisme, à votre probité.... » Jugez donc aussi, puisque vous y êtes, la conscience des nombreux amis que M. de Monseignat avait su se faire et qu'il a conservés jusqu'à son dernier jour. Jugez la conscience de M. de Cabrières et de M. Vesin, les premiers dans son cœur ; de Monteil, l'honnête homme ; de Tarayre, le brave général ; de Viala, le courage personnifié ; de Séguret, le magistrat modèle ; de Rodat, l'éminent secrétaire de la Société d'agriculture dont M. de Monseignat était le président ; de M. de Sainte-Eulalie, l'ecclésiastique saint qui reçut les dernières confidences de celui au talent duquel il ne cessait de dire qu'il devait la vie. Ajoutez à ces noms ceux de Nogaret, de Flaugergues, de La Romiguière, de Gaujal, de Frayssinous, de l'abbé Boyer, de Girou de Buzareingues, du cardinal Giraud. — Voulez-vous un nom de ceux qui vivent encore ? Je n'aurais pas voulu le citer, mais son témoignage sera plus inattaquable, et je fais un appel à cet administrateur éclairé et juste qui vit longtemps mon père dans ses conseils. — Que M. de Guizard dise les sentiments que lui inspire M. de Monseignat!

« Oui, jugez la conscience de ces hommes, l'élite de l'Aveyron, bien répréhensibles, en effet, si, faisant à un mauvais citoyen un bouclier de leur estime, ils le rendent invulnérable. — Souvenez-vous que vos accusations remontent forcément de celui que vous calomniez à ceux qui l'aiment. Un écrit paraîtra qui dira la vie de M. de Monseignat.

« En attendant, le venin circule et produit l'effet désiré. — Pour atténuer ces effets, nous vous demandons avec instance de vouloir bien déclarer que la Société n'entend pas partager avec un inconnu la solidarité d'un acte qu'elle réprouve, qu'elle autorise la suspension de l'envoi des volumes imprimés et l'addition aux volumes restant en magasin de quelques notes qui rétabliront simplement les faits.

« Pardonnez, Messieurs, la longueur et la vivacité de ce qui précède; mais rentrez, nous vous en prions, un instant dans vos cœurs; demandez-vous ce que vous éprouveriez si on injuriait un des vôtres, et nous serons pardonnés. »

M. H. de Barrau se déclare l'auteur de l'article biographique dont on vient de parler.

Sur cette déclaration, M. Adrien de Séguret prend la parole.

Il commence par exprimer la profonde surprise qu'il déclare avoir éprouvée en voyant qu'après avoir, au début de la séance, fait un appel à la modération et à la sagesse de ses collègues, les avoir engagés à se défendre des influences de l'esprit de parti, à éviter tout ce qui pourrait amener de l'irritation dans les esprits, M. le président acceptait la responsabilité et se déclarait l'auteur de la Biographie de M. de Monseignat père, nouvellement publiée, et n'avait à répondre que par un froid aveu et de vagues menaces aux plaintes si légitimes de son fils, vice-président de la Société.

M. de Séguret parle de l'étonnement et de l'indignation que lui a inspirés un article haineux et malveillant dans toute son étendue, où l'on s'efforce de flétrir la mémoire de l'un des hommes les plus éminents du pays, où l'on jette à profusion le dénigrement et le blâme sur tous les actes de sa vie politique. Et c'est sous le patronage d'une Société qui compte dans ses rangs six membres de la famille de Monseignat; c'est à ses frais que l'on publie, au milieu de soixante et quelques biographies, toutes plus ou moins louangeuses, une notice empreinte de tout ce que l'esprit de parti peut produire de plus hostile !

Parcourant rapidement les principaux traits de cette notice, M. de Séguret dit qu'on y fait de M. de Monseignat un *mauvais citoyen*, lui que les suffrages de ses compatriotes ont tant de fois et si longtemps appelé au sein de nos assemblées législatives, à la présidence du Conseil général et de la Société centrale d'agriculture; lui que les grâces de son esprit, l'aménité de son caractère, une obligeance qui ne se lassait jamais, faisaient chérir de tous ceux qui avaient le bonheur de l'approcher.

On en fait un fougueux démagogue, lui que le Comité de salut public fait arrêter et conduire à la Force comme suspect de modérantisme, et qui, sans l'heureuse réaction du 9 thermidor, eût infailliblement porté sa tête sur l'échafaud; lui que la Société populaire de Rodez, affranchie du joug des jacobins, charge de tracer le tableau de tous les excès de l'odieux régime de la Terreur.

On l'accuse d'avoir sacrifié les intérêts de sa conscience à ceux de sa fortune politique à l'époque du 18 brumaire, et l'auteur de la notice semble regretter qu'il ne se soit point armé du poignard d'Aréna, oubliant qu'il vient de célébrer cette journée fameuse où la France fut arrachée aux turpitudes du Directoire par la main puissante d'un héros couronné par la victoire.

Une seule concession est faite à la mémoire de M. de Monseignat. On avoue qu'il avait de l'esprit! Oui, il en avait et beaucoup. Aussi l'on s'est bien donné de garde de l'attaquer pendant sa vie.

L'auteur de la notice le poursuit jusqu'à son dernier moment, et une intention de sarcasme perce dans les derniers mots de la notice où on lit : *M. de Monseignat est mort fort chrétiennement.* Oui, il est mort entouré de sa famille désolée, regretté de tous ses concitoyens, pleuré de ses nombreux amis et assisté, à cet instant suprême, par ce vénérable chanoine de Sainte-Eulalie que la puissance de sa parole et l'ardeur de son dévouement avaient arraché à l'échafaud révolutionnaire.

M. H. de Barrau, prenant à son tour la parole, répète qu'il est l'auteur de l'article qui venait de donner lieu à de si violentes attaques; que, pour peu qu'on eût réfléchi, on se fût facilement aperçu que cet article ne pouvait être imputé à nul autre, puisqu'il faisait partie d'un ouvrage annoncé dans le premier volume des *Documents historiques*, pages 9 et 12, et comme devant en être la suite;

Qu'on aurait eu le doit de l'incriminer et de demander réparation si l'auteur avait avancé des faits mensongers et calomnieux; mais qu'il maintenait tout ce qu'il avait écrit, comme étant resté dans les limites de la plus rigoureuse vérité: ce dont il se réservait de fournir bientôt d'amples preuves; qu'il avait usé d'un droit incontestable exercé tous les jours par les historiens de tous les partis, en appréciant la vie politique d'un individu d'après ses actes; qu'il serait aussi absurde qu'inouï de vouloir faire plier la conscience d'un écrivain sous le bon plaisir des intéressés ; ce qui aurait pour résultat inévitable d'effacer toute trace du passé et de faire disparaître toute responsabilité des actions humaines ; qu'au surplus, les plaignants avaient, pour répondre et récriminer, largement ouvertes devant eux, dans les publications de la Société, les mêmes voies dont il s'était servi lui-même.

Après diverses observations échangées entre plusieurs membres, la Société délibère que la distribution du 5ᵉ volume des *Documents historiques sur le Rouergue* sera suspendue ; qu'une notice biographique sur M. de Monseignat père sera imprimée à la fin de ce volume ; que cette notice sera proposée par la famille de Monseignat et soumise, avant l'impression, au comité permanent ; que M. de Barrau pourra faire suivre cette notice de ses observations et de l'indication des documents dont il a fait usage ; mais son travail devra aussi être soumis préalablement au comité permanent.

VI

RÉPONSE A M. DE MONSEIGNAT

La piété filiale, *pour* si respectable qu'elle soit, ne dispense pas de toute justice et ne tient pas lieu de toute logique. Il nous sera bien permis de rechercher, si les observations que M. de Monseignat fils a placées sous l'invocation de ce respectable sentiment, sont en même temps marquées au coin de ces deux conditions indispensables.

« Je trouve sur mon père, dit-il d'abord, quelques « pages remplies de fiel où les insinuations les plus « fausses et les plus injurieuses percent depuis la pre- « mière jusqu'à la dernière ligne. » — On comprend que sur de telles données, un fils soit d'abord favorablement écouté et que l'opinion publique lui vienne en aide. Un écrit rempli de fiel *depuis la première ligne jusqu'à la dernière*, et plein d'*insinuations fausses*, ce serait plus qu'il n'en faut, pour gagner l'intérêt général ; à une condition cependant, c'est que ces plaintes soient fondées. Voyons d'abord si ces quelques pages sont toutes pleines de fiel.

Nous lisons à la première : « Félix-Hippolyte de Monsei-
« gnat, né à Rodez le 7 juin 1764, jurisconsulte, mem-
« bre de plusieurs législatures, chevalier de la Légion
« d'honneur, fit avec distinction ses études au collége
« de Rodez...... né d'une famille riche et bien posée......
« Le premier acte qui le fit connaître avec avantage fut
« une lettre qu'il écrivit à Alexandre de Lameth pour
« qu'il demandât à l'Assemblée nationale la publicité des
« séances en faveur des corps administratifs des dépar-
« tements...... Quand les théories républicaines préva-
« lurent, M. de Monseignat se rangea du côté de ceux
« que les apparences du patriotisme et l'éclat du talent,
« semblaient rendre plus propres à conduire les affaires,
« les girondins...... Après leur défaite, il fut honorable
« de protester contre les violences d'une minorité fac-
« tieuse qui, pour saisir le pouvoir, abattait et proscri-
« vait ses rivaux, jusque dans le lieu qui aurait dû
« être pour eux un asile inviolable...... Monseignat et
« Cambes furent chargés de porter cette adresse à Paris.
« L'adresse du département de l'Aveyron contre les ja-
« cobins de la Convention)...... Arrêté et conduit à Pa-
« ris avec M. de Bussy, il charmait les ennuis du voyage
« par l'enjouement de son caractère et les saillies de son
« esprit...... M. de Monseignat fut ensuite député au
« conseil des Cinq-Cents et y siégea jusqu'au 18 bru-
« maire...... Sa modération intelligente lui ouvrit les por-
« tes du Corps législatif, le 4 nivôse an VIII ; la même
« faveur lui fut accordée deux ans après (22 ventôse
« an X) par le sénat, appelé par la constitution consu-
« laire à choisir sur l'assemblée précédente les 4/5 de ce
« corps.

« M. de Monseignat, homme d'élite, méritait sans
« doute d'occuper une place parmi nos législateurs;
« mais ce qui fit décidément pencher la balance de son

« côté, ce fut l'influence du général de Beurnonville
« fortement excitée en sa faveur à la prière d'un ami
« commun (1) ; grâce à la double faveur de ses conci-
« toyens et du gouvernement, M. de Monseignat se per-
« pétua dans les législatures pendant presque toute la
« durée du régime impérial. »

Suivent quelques réflexions sur la différence du régime impérial et du régime précédent, propres à justifier M. de Monseignat d'être passé de l'un à l'autre, puis on lit :

« Nommé membre de la commission de législation
« civile et criminelle au Corps législatif, le 9 décem-
« bre 1809, M. de Monseignat fut d'abord rapporteur et
« puis président de cette commission. C'est ainsi qu'il
« prit une part active à l'élaboration du code, dont
« l'empereur Napoléon dota la France.

« La croix de la Légion d'honneur fut la récompense
« honorifique de ses travaux en 1810, et l'année sui-
« vante il fut nommé conseiller de préfecture..... Comme
« la Restauration avait un faible pour les hommes de ta-
« lent de tous les régimes, elle oublia bientôt le passé,
« et une ordonnance royale du 21 juillet 1821, réinté-
« gra M. de Monseignat dans sa place de conseiller de
« préfecture, qu'il a conservée jusqu'au moment où, vers
« la fin de sa vie, il l'a fait passer sur la tête de son fils.....

« Les allures d'un gouvernement monarchique con-
« venaient mieux, il faut l'avouer, au caractère de M. de
« Monseignat que les agitations d'une turbulente démo-
« cratie. Possesseur d'une fortune considérable, essen-
« tiellement homme du monde, recherché autant pour
« l'aménité de son caractère que pour les agréments de
« son esprit, sa place était marquée plutôt dans les sa-

---

(1) M. de Solanet.

« lons aristocratiques que dans les conventicules d'une
« populace déguenillée......

« .... Du reste, si sa conduite fut habile, elle fut mo-
« dérée, et sur ses vieux ans, il sut se préserver de cette
« politique violente qui trouve tant de promoteurs aux
« temps de révolution et dont une longue expérience
« lui avait appris le danger. M. de Monseignat est mort
« fort chrétiennement à Rodez au sein de sa famille
« le 4 décembre 1840. » La biographie de M. de Monseignat est de six pages ; sur ces six pages, nous avons pu en extraire textuellement ce qui précède : que devient l'accusation de son fils qui, depuis la première jusqu'à la dernière ligne, n'y a vu que du fiel ?

Lorsque, sous prétexte de se défendre, on se fait accusateur, les plus simples règles du bon sens commandent, de ne pas se jeter dans les hyperboles. Si nous avions écrit la biographie de M. de Monseignat avec de telles licences, que n'aurait-on pas le droit de dire aujourd'hui ? On peut s'en faire une idée par tout ce qu'on se permet en face de la réalité des choses. Voilà pour ce qui est de la malveillance sans mesure qui n'a laissé place qu'au dénigrement.

Venons maintenant à ce qui est des insinuations fausses. Ceci doit amener la récapitulation de tout ce qui, dans la biographie, forme la contre-partie des côtés favorables sous lesquels nous avons éclairé ce portrait.

« Jeune encore quand la révolution éclata, il en de-
« vint enthousiaste et embrassa sa cause avec chaleur. »

Le fils de M. de Monseignat s'inscrit-il en faux contre cet enthousiasme de son père pour la révolution de 89 ? Ce serait assez malaisé pour lui, et de plus, qu'y gagnerait-il et comment pourrait-il y voir la justification de cette malveillance qu'il nous impute, lorsqu'il suffit d'achever la ligne pour voir que cet enthousiasme des premiers jours est excusé et justifié en quelque sorte, sous la réserve de savoir s'arrêter dans la voie des réformes salutaires et de ne pas dépasser les limites au delà desquelles le droit cesse et la révolte commence.

M. de Monseignat fils a le choix de soutenir, qu'il n'y a pas de limites au delà desquelles le droit cesse et la révolte commence, ou bien de dire que contrairement au jugement porté par la Biographie de son père, celui-ci s'arrêta avant que la Révolution ne les eût franchies et qu'il ne demeura pas avec elle, lorsqu'elle n'était plus avouable par un bon citoyen. Nous touchons ici au vif de la question; c'est ce que l'article biographique contient de plus sévère sur la mémoire de M. de Monseignat, c'est ce qui peut atteindre le plus la susceptibilité filiale ; mais c'est aussi ce qui tombe directement sous le jugement de l'histoire, c'est ce que l'écrivain peut le plus légitimement juger et censurer.

Toute la bonne volonté d'un ressentiment privé ne peut aller jusqu'à voir dans ces lignes une de ces inspirations haineuses qui méritent à ceux qui s'y livrent le nom de pamphlétaires. Le jugement porté n'est pas individuel, il s'applique à une position politique et générale, situation jugée de la même manière par l'assentiment de tous les écrivains graves et sérieux du monde entier. Oui, la Révolution de 89, arrivée à 93 et 94, dépassa les bornes avouables par les bons citoyens, et nous mettons M. de Monseignat fils au défi d'oser soutenir le contraire.

Voudrait-il soutenir que son père ne la suivit pas jusque-là? Nous l'avons dit, mais qu'on remarque bien que nous nous étions contentés de cette énonciation générale en évitant d'entrer dans des détails, qui venant à à l'appui de ce jugement l'auraient rendu désagréable à sa famille, et que si elle n'avait pas manqué de discernement, au point de nous obliger à réfuter les accusations de haine, qui n'existait point et de malveillance fort contestable, l'accusation ainsi voilée serait restée dans le vague d'une formule générale et aurait passé inaperçue.

Aujourd'hui, qu'on nous a mis en demeure de prouver notre assertion, il nous sera facile d'établir que M. de Monseignat ne s'est point séparé de la Révolution, lorsqu'il n'était plus possible de rester honorablement avec elle, mais qu'il y est resté jusqu'à ses derniers excès.

M. de Monseignat, engagé dans le mouvement révolutionnaire en 1789, comme nous l'avons dit, y était encore en 1790, en 1791, en 1792 ; il y était en 1793, après le grand attentat du 21 janvier ; il y était encore au 31 mai suivant, à telles enseignes qu'il remplissait à Paris, près de la Convention, une mission pour laquelle il avait été député par le conseil du département. Jusquelà, dira-t-on, il faisait cause commune avec les moins emportés — d'accord : mais il y était encore après cette journée du 31 mai qui ouvrit l'ère à jamais connue sous le nom de *Terreur* et qui dura jusqu'au mois d'août 1794 (9 thermidor an 2), jour de la chute de Robespierre, et il demeura le familier du parti jacobin à Rodez, durant toute cette période. Nous n'en citerons que deux preuves entre bien d'autres. Le 14 pluviôse an II (26 février 1794), le club des jacobins de Rodez voulant solenniser l'époque à jamais mémorable de l'abrogation du culte catholique dans le bourg et la cité de Rodez, et faire chanter ce triomphe de la Déesse Raison sur l'erreur et la superstition chrétiennes, par son meilleur Anacréon, nomma à cet effet le citoyen Monseignat-Barriac. (Procès-verbal des délibérations de la Société populaire de Rodez, pages 66 et 67 du registre, séance du 15 pluviôse an II.) Ceci se passait en février 1794 ; la Terreur sévissait depuis près d'un an. — Courons maintenant aux derniers jours de ces épouvantables saturnales, passons rapidement et sans y plonger des regards scrutateurs sur tous les feuillets de ce fatal registre, arrêtons-nous seulement aux quatre ou cinq derniers jours qui précédèrent la chute de Robespierre ; nous voici au 6 thermidor : encore trois jours, et ce sera fini de ce régime terrible. Mais dès neuf heures du matin, le club est réuni en séance extraordinaire. (L'heure des séances ordinaires était celle de neuf du soir.) L'essaim jacobin convoqué à cette heure insolite était en grande effervescence, son personnel était au grand complet, de quoi s'agissait-il ? Le voici. Le citoyen Monseignat-Barriac venait d'être arrêté à l'improviste sur une dénonciation invisible ; ce coup porté contre un sociétaire qui en toute circonstance s'était montré si utile, excitait une vive rumeur : enfin le président parvient à rétablir l'ordre et le silence ; il donne lecture de la lettre, par laquelle le Comité de sûreté générale pose diverses questions sur le citoyen Monseignat arrêté et déjà conduit à Paris ; une longue discussion s'engage, plusieurs membres prennent successivement la parole ; enfin, passant au vote, le club décide à l'*unanimité* 1° que le citoyen Monseignat, après son retour de Paris (en juin 93), avait franchement avoué son erreur, qu'il avait reconnu que l'insurrection du 2 juin était légitime et que le côté gauche de la Montagne voulait sincèrement et voulait seul la République une et indivisible :

2° Qu'à son arrivée il s'était empressé de provoquer des autorités constituées le rapport des arrêtés liberticides qu'elles avaient déjà pris ;

3° Enfin que n'ayant pas été fait de motions liberticides dans la Société depuis son retour, le citoyen Monseignat n'avait pas eu occasion de les défendre ni de les combattre. »

(Regist. des délibér., page 236, séance du 6 thermidor an II.)

M. de Monseignat fils croit-il possible, en présence de ces deux documents, dont nous offrons la commémoration, de maintenir que nous avons calomnié son père en disant, *qu'il resta engagé dans la révolution lorsque ce rôle n'était plus avouable chez le bon citoyen?* ou plutôt ne regrettera-t-il pas d'avoir si légèrement méconnu la mesure avec laquelle nous avons apprécié la conduite politique de son père? Mais reprenons, car c'est pas à pas, ligne par ligne que nous voulons revoir tout ce que nous avons dit de défavorable à M. de Monseignat dans les six pages de sa Biographie, pour le soumettre à l'analyse la plus sévère et au crible de la critique, afin d'éclairer l'imputation de l'avoir peint sous les couleurs les plus *fausses*.

« Il s'associa, avons-nous dit d'abord, à tous les actes « des girondins, qui furent souvent, il ne faut pas se le « dissimuler, empreints de beaucoup de violence. » Inutile sans doute d'établir en fait, que M. de Monseignat que nous avons vu uni plus tard, par une complicité si compromettante, avec le parti jacobin, s'associa d'abord aux girondins.

Il n'est pas contesté, pas plus qu'il n'est contestable, qu'il était leur délégué à Paris au moment de leur chute, et ce n'est pas son plus mauvais côté. Il ne saurait être plus nécessaire d'établir que les actes de cette faction furent souvent marqués de beaucoup de violence : l'affreuse journée du 2 septembre qu'ils tolérèrent, et celle du 10 août qui fut leur œuvre et qui entraîna la chute de la monarchie, sont restées sur leur front en caractères trop ineffaçables, pour que rien au monde, pas même les débauches intellectuelles d'un grand écrivain, puisse les effacer : et la pâle copie qu'en a essayée M. de Séguret dans la séance du mois d'août y parviendra bien moins encore ; il doit en avoir la conscience, car il n'a pas osé la reproduire dans ce qu'il a fait écrire au procès-verbal.

Nous venons de laisser M. de Monseignat à Paris, chargé par les girondins de l'Aveyron de soutenir leur cause. La Biographie dit qu'en voyant « la chute et
« la disgrâce de cette faction, il se renferma dans un
« discret silence et se retira à petit bruit; puis, qu'il
« chercha à se faire pardonner par les montagnards,
« en mettant son patriotisme à leur service, et que telles
« étaient les ressources de son esprit et la résignation
« de son caractère, qu'il resta presque seul debout, au
« milieu de la déroute de ses amis politiques, expulsés,
« proscrits, emprisonnés et qu'on put croire qu'il avait
« trouvé grâce pleine et entière auprès des vainqueurs.
« Ceux-ci mettaient son intelligence et son instruction
« à profit dans les affaires épineuses : au club, on
« confiait la rédaction des adresses, des lettres, des
« procès-verbaux de quelque importance à sa plume
« élégante et facile ; en lui donnant de fréquents témoi-
« gnages de confiance, etc. »

M. de Monseignat avait été mandé à Paris par les girondins. Ce fait, honorable d'ailleurs, puisqu'en ce moment ce parti résistait à de plus violents que lui, n'est pas sujet à contestation ; il ne l'est pas moins, qu'à peine de retour à Rodez il sut manœuvrer si adroitement, qu'il fut au mieux avec les grossiers vainqueurs de la Gironde, et il serait difficile de constater un fait de cette nature, d'une manière plus souverainement irrécusable, que ne l'est celui de M. de Monseignat, dont l'évolution est établie par un procès-verbal délivré par l'unanimité du sanhédrin jacobin, qui se complaît à proclamer qu'à peine de retour de cette malencontreuse mission, il a franchement reconnu *son erreur*, franchement convenu qu'on avait à bon droit ostracisé les girondins ses amis.

Voilà certes un aveu dépouillé d'artifice et qui ne laisse pas la moindre fissure ouverte aux récriminations de M. de Monseignat fils. Ce n'est pas M. H. de Barrau qui a faussement accusé M. de Monseignat père, d'avoir, par les ressources fécondes de son esprit et la résignation de son caractère renié ses amis les girondins et conquis ainsi sa grâce près de leurs vainqueurs. C'est M. de Monseignat fils qui a témérairement et faussement accusé M. H. de Barrau, d'avoir rempli plusieurs pages *des insinuations les plus fausses, depuis la première jusqu'à la dernière ligne*, contre la mémoire de son père ; et à propos du mot *injurieux* qui se trouve mêlé aux récriminations de notre adversaire, s'il avait à caractériser, chez un homme politique, une de ces évolutions subites qui du soir au lendemain font passer un homme du rôle de plénipotentiaire d'un parti abattu, traîné à l'échafaud, à celui de complaisant du parti vainqueur, s'il avait, dis-je, à s'exprimer sur un tel fait, trouverait-il sous sa plume une expression, nous ne dirons pas moins injurieuse, mais une expression plus inoffensive, plus bénigne, plus accommodante que celle-ci : *telles étaient les ressources fécondes de son esprit, et la résignation de son caractère*, etc.

Ainsi dans la partie la plus sévère de la Biographie, je le répète, rien de faux, rien d'injurieux, bien plus, rien qui n'ait été adouci, rien qui n'ait été tempéré par des considérations qui, pour avoir été si complétement méconnues par la famille de Monseignat, n'en restent pas moins acquises et moins évidentes aux esprits non prévenus.

Mais voyez un peu comme cette venimeuse Biographie rend compte des nouvelles évolutions de M. de Monseignat, après la chute de Robespierre. Nous avons vu avec quel empressement et quel zèle unanime le club des jacobins de Rodez s'était levé en faveur de M. de Monseignat, auquel une délation secrète avait fait éprouver une de ces vicissitudes subites, qui conduisaient les divers partis de la Révolution sous la hache, qu'ils levaient tour à tour les uns sur les autres ; nous avons vu comment ils l'avaient couvert du manteau de leur civisme ; l'auteur eût pu, sans grand effort d'imagination, mettre en relief ce qu'il y avait de plus que de résigné dans la conduite politique de son personnage, passant subitement en quelques jours, du rôle de protégé, du parti jacobin qui le sauve, au rôle d'accusateur implacable de ces mêmes hommes qui venaient de s'exposer eux-mêmes pour le sauver, et c'est à peine si, en lisant le passage qui se réfère à cette nouvelle volte-face, l'on peut y reconnaître ce trait, dont la valeur n'eût pas été à négliger pour un peintre aimant à assombrir ses portraits. Que d'effets d'ombre et de lumière n'aurions-nous pas pu tirer de ce tableau dans lequel l'ancien secrétaire du parti jacobin, nourri dans tous les secrets de leurs conciliabules, peignait après leur chute, en traits hideux, leur sombre figure ! Nous nous sommes borné à enregistrer une évolution de plus, sans l'illustrer comme il eût été facile de le faire, par des vues rétrospectives et des couleurs changeantes.

Nous avons traversé la partie orageuse de notre odyssée, et notre Biographie a ramené l'esquif de M. de Monseignat du milieu des orages de la grande mer, près du port de salut. Ce n'est pas la fin de sa navigation ni de ses virements de bord ; mais désormais les transitions seront plus ménagées et leurs couleurs moins tranchées. Nous nous sommes permis, sur ses transformations de républicain en impérialiste, succédant à toutes les autres et le faisant passer des fenêtres de l'orangerie de Saint-Cloud, aux portes du Corps législatif, une plaisanterie qui ne mérite certes pas tout le courroux qu'on en a témoigné. Si nous comptons bien, M. de Monseignat en était à ce moment, et avant l'âge de 30 ans, à sa quatrième émigration politique ; il avait été tour à tour constituant, girondin, montagnard, thermidorien, *lorsqu'un rayon du soleil levant* de l'Empire vient *illuminer sa conscience.* Franchement, entre toutes les licences qu'on peut se permettre, sur l'instabilité des opinions humaines, est-il sur un sujet aussi riche une formule moins *enfiélée*, que celle dont nous nous sommes servi ?

Cela est si vrai, qu'après s'être montré si blessé dans ses sentiments de fils, M. de Monseignat ne trouve rien que de très-naturel dans cette docilité de conduite qui suit, sans effort, le flux et reflux des événements, et qu'il l'élève lui-même à la hauteur d'un système qu'il préconise : Ce ne sont pas ces pouvoirs éphémères que l'on sert, s'écrie-t-il, c'est son pays ! Nous n'avons pas à examiner ici la valeur de cette philosophie, mais puisque M. de Monseignat la professe, comme une théorie de famille, qu'il cesse de nous reprocher comme une injure, d'en avoir chargé la mémoire de son père. A ce prix nous lui promettons de ne pas soumettre sa doctrine au scalpel d'une investigation trop approfondie, de ne pas rechercher, par exemple, si en servant le parti jacobin c'était *la justice* de son pays qu'on servait, et si la distinction qu'il fait entre le *pays* qu'on sert et le *gouvernement du pays* qu'on ne sert pas, n'est pas de celles qui font murmurer la conscience, loin qu'on puisse s'en honorer, comme il ne craint pas de le dire

M. de Monseignat fils doit voir à l'heure qu'il est, *que ce n'est pas de quelques nuances de rédaction* que nous nous sommes emparé, pour apprécier la conduite politique de son père ; il doit voir qu'il ne suffit pas de faire quelques phrases placées sous la sauvegarde d'un

4

sentiment de famille, pour faire taire l'histoire et étouffer sa voix ; il doit voir qu'il ne suffit pas de faire du bruit pour obscurcir la vérité, et qu'avant de s'engager dans un débat du genre de celui qu'il a provoqué, il eût mieux fait de supposer qu'il y avait autre chose *qu'un penchant haineux* s'attachant à poursuivre une vie politique inattaquable.

Il est facile de traiter ses adversaires de pamphlétaires, de les accuser de calomnie, d'opposer à leur jugement des fantaisies ; mais vienne la discussion, et tous ces fantômes disparaissent pour ne laisser place qu'à la vérité.

Ainsi, je n'ai pas admis que M. de Monseignat père pût figurer dans le recueil biographique, à la place que lui assigne son fils, je n'ai pas trouvé qu'il y eût lieu de louer en lui le *courage* qu'il eut, *d'entrer dans la terrible mêlée* révolutionnaire, le mot de *résignation* dont je me suis servi me paraît plus vrai, sans qu'on ait même à s'en plaindre ; je ne lui ai pas dénié l'excuse de l'entraînement des circonstances, que réclame son fils et que dès ma première page j'ai reconnu à son compte ; mais je ne puis lui concéder qu'il n'y ait à blâmer que des *nuances de rédaction*, ou *quelques mots trop vifs*. Sans vouloir *laisser dans l'ombre* tout ce qu'il y a de bien dans sa vie (j'ai prouvé le contraire et laissé par ainsi au compte de M. de Monseignat fils la question malséante qu'il adresse au chroniqueur), je ne puis admettre, que sous bénéfice d'inventaire, cette vie toute de dévouement que l'imagination de ses enfants nous montre, comme s'aventurant tous les jours de la plus généreuse manière pour arracher des victimes à la Révolution. Je connais ces temps-là, pour en avoir fait, pendant trente ans, un objet de mes recherches et de mes études ; j'en connais toutes les victimes, et toutes celles qui lui ont échappé ; celles-ci sont bien peu nombreuses : il est toutefois un souvenir honorable que nous aurions pu citer, non que le défenseur de M. l'abbé de Sainte-Eulalie eût couru aucun risque en plaidant pour lui; ni l'époque ni les circonstances ne comportaient pas ce danger. Nous aurions pu le dire et nous l'aurions dit, si ce trait eût été caractéristique de la vie politique de M. de Monseignat, mais ce n'est là qu'un incident de sa carrière d'avocat.

Nous ne pouvons admettre non plus, pour faire plaisir à M. de Monseignat fils, qu'en jugeant la vie politique de son père, nous ayons fait le procès de presque tous ceux dont nous avons voulu signaler les services publics, dans le volume qui est devenu pour nous, l'occasion d'attaques si passionnées. Plusieurs d'entre eux, sans doute, ont servi plusieurs régimes et peuvent invoquer le bénéfice des paroles par lesquelles M. de Monseignat fils veut sauvegarder la mémoire, qu'il a devoir de défendre.

On peut dire pour eux, qu'ils ont accepté ces changements par raison, par nécessité, par crainte des maux qui résulteraient de l'absence de tout pouvoir, mais nous n'avons surpris la main d'aucun d'eux là où nous avons montré celle de M. de Monseignat, et pas un d'eux ne s'est montré doué d'une dextérité comparable, dans la pratique de la théorie professée par son fils.

Qu'il calme donc la fougue de l'indignation avec laquelle il dit qu'il repousse notre jugement; l'indignation ne fait rien ici, et à cette occasion, qu'il nous permette de lui citer une autorité; il ne la récusera pas, c'est celle d'un célèbre empereur, de Marc-Aurèle. Ce grand homme avait coutume de dire : *Il ne faut pas se fâcher contre les choses, parce que cela ne leur fait rien.*

Je n'admets pas non plus le cortège d'honneur que conduit M. de Monseignat fils et dont il encadre le portrait de son père; je ne l'admets pas, dis-je, comme infirmant en rien ce qu'en dit la Biographie. Cette revue à l'avantage de lui faciliter une distribution de louanges, qui seraient meilleures, s'il ne pouvait pas venir à la pensée qu'elles sont intéressées et amenées par le besoin de la cause. A l'examen, il ne reste de cette évocation, que la valeur d'une brillante nomenclature de personnages honorables, avec lesquels M. de Monseignat a eu des relations plus ou moins intimes, mais qui ne déposent nullement contre ce qui a servi de base à notre jugement, et qui justifient encore moins le personnage, de ce que nous avons établi.

Pour en être réduit à offrir des cartes de visites, comme des pièces probantes en cette affaire, pour nous offrir des arguments de la force de celui que nous adresse M. de Monseignat, sous forme d'apostrophe, en nous disant : *Jugez donc aussi, puisque vous y êtes, la conscience des nombreux amis que M. de Monseignat avait su se faire ;* on éprouve un peu de cette impression singulière que fait ressentir une défaillance, chez un jouteur maladroit qui se découvre ; et nous ne disons rien, nous ne voulons rien dire de ce qu'offrirait à la discussion la revue des illustres amitiés dont on se prévaut ; non celle de leur valeur, mais celle de l'appui qu'on veut leur emprunter ; nous ne jugeons pas *leur conscience*, mais c'est chose trop réservée, pour que vous puissiez la juger vous-même, et nous pourrons bientôt peut-être vous convaincre en cela de jugement téméraire.

Quant aux succès électoraux dont vous prétendez faire une sauvegarde à M. de Monseignat, contre des faits qui échappent par leur nature à ce genre de contestation, ils nous donnent occasion de remarquer que ces succès se sont toujours produits dans des temps irréguliers, et jamais à l'époque de franche liberté.

C'est aux Cent-Jours, alors qu'un petit nombre de fédérés se rendirent seuls aux comices ; c'est en l'an VIII, lorsque le sénat représentait le suffrage populaire, c'est sous l'Empire dont on connaît les allures en matière électorale. Ce n'est pas que nous voulions dire que M. de Monseignat n'aurait pas pu s'entendre avec une franche liberté électorale, nous voulons seulement faire remarquer que l'induction qu'on tire de ses nombreuses législatures, pour démentir les faits historiques de sa vie politique, sont peu pertinents, et qu'ils ne peuvent servir qu'à une fausse application.

« En attendant, dit M. de Monseignat en finissant, le venin circule et produit l'effet désiré. — Qui est ce qui a circulé depuis la séance du 20 août ? Ce n'est pas la Biographie qui est restée sous les scellés apposés par la famille de Monseignat et qu'on a mis un prix d'autant plus grand à retenir sous le boisseau, qu'il aurait suffi de sa seule apparition pour faire disparaître toute la fantasmagorie de la mise en scène préparée par cette famille. Ce qui a circulé librement par toutes les voies de la renommée et par les trois journaux du département, ce sont les articles violents et déclamatoires de M. de Monseignat fils et de M. de Séguret.

Encore un mot et j'ai fini.

« *Vous êtes bien jeune ou bien pur*, a dit encore M. de Monseignat, *vous qui vous permettez de censurer ceux qui ont mis leurs facultés au service de l'État.* » — Bien peu de gens hélas ! peuvent se flatter d'être restés entièrement purs au milieu des révolutions qui remuent le monde depuis bientôt un siècle. Mais je l'ai été assez, grâce à Dieu, pour demeurer fidèle aux pouvoirs que j'ai eu l'honneur de servir, et pour ne jamais quitter la cause de l'ordre. J'ai rempli des fonctions sous trois régimes, c'est vrai, mais aucun d'eux n'a été, que je sache, rempli de sang et de spoliation. Je n'en ai quitté aucun pour me retourner contre lui et le livrer !

VII

RÉPONSE A M. DE SÉGURET

Le procès-verbal n'a rendu que d'une manière fort incomplète le discours de M. de Séguret et l'a dépouillé de ses passages les plus acerbes et les plus offensifs. La réflexion a sans doute amené ce tempérament, mais tous ceux qui l'ont entendu ont conservé le souvenir de son véritable caractère, et je regrette, pour ma part, qu'il n'ait pas été publié, tel qu'il avait été prononcé. On y verrait une preuve irréfragable de l'irritation fiévreuse (réelle ou simulée) qui animait l'orateur. Mais il était trop habile, pour ne pas voir la mauvaise impression que produiraient ses paroles fidèlement rendues, et il a pris le sage parti de les abréger et de les adoucir.

Les paroles de M. de Séguret ne sont du reste que la paraphrase emphatique du petit discours de M. de Monseignat. Ce qui s'applique à l'un peut avoir son emploi contre l'autre. Seulement, il y a plus d'art dans le plaidoyer de l'avocat, qui se livre même parfois à des mouvements oratoires tels, par exemple, que celui où il évoque les ombres des plus illustres girondins pour servir de cortége d'honneur à son client, ne voyant pas, ce qu'un pareil rapprochement a de malencontreux entre des hommes dont les uns, dans leur indomptable énergie, sacrifient courageusement leur vie pour rester fidèles à leur cause, tandis que l'autre dépense toute la sienne à louvoyer et ne reste fidèle à aucune !

Tous les mouvements de M. de Séguret n'ont pas le caractère aussi épique, mais n'en sont pas pour cela plus heureux. « C'est aux frais d'une société qui compte « dans ses rangs six membres de la famille de Monseignat, « s'écrie-t-il ailleurs, d'un accent indigné, que l'on pu- « blie une notice empreinte de tout ce que l'esprit de « parti peut produire de plus hostile ! »

Si M. de Séguret, par cette récrimination, a voulu frapper les esprits, en mettant en relief les sacrifices pécuniaires, que s'imposent les membres de sa famille pour les publications de *la Société*, il a totalement manqué son but, car ces grands sacrifices, en supposant qu'ils fussent réels, s'élèveraient à peine, d'après un calcul exact, pour l'article en question, *à sept centimes* par personne. C'est trop sans doute, puisqu'elles en sont si mécontentes, mais est-ce assez pour tout le bruit qu'elles en ont fait ? Toutefois, grâce au ciel, ni lui ni aucun de ses confrères ne sont pour rien dans cette dépense, elle se fait aux frais du département dont les allocations sont exclusivement affectées à cet objet.

M. de Séguret, si chatouilleux sur le sacrifice de quelques centimes en cette occasion, ne l'a pas toujours été autant, quand il s'est agi des intérêts réels du corps auquel il appartient. Il devrait se souvenir que ce fut une de ses *fantaisies poétiques* (1), qui aliéna de nous, il y a quelques années, un de nos confrères recommandable

(1) *Coumplainto Rouergasso sur lo mouort dè la citoyenno Républico*, lue par l'auteur dans la séance du 12 juin 1853.

par le zèle et le dévouement qu'il avait toujours montrés pour la Société, dont il était l'un des fondateurs (1), et par suite nous priva d'un legs important qui nous était destiné.

M. de Séguret, dans sa harangue, n'a pas épargné, je le répète, les rudes apostrophes à l'auteur de l'article, et les imputations de malveillance, de haine, de dénigrement, de calomnie même lui ont été prodiguées. Les membres présents à la séance du 20 août ont encore les oreilles pleines de ces mots sortant à profusion de la bouche indignée de l'orateur; je dis indignée, mais de cette indignation de commande qui se note comme un récitatif, et dont on ne peut pas dire : *pectus est quod disertos facit.*

Le mot d'ordre, à la première apparition du volume, a été de crier à *la calomnie*, mais de crier si haut et si fort, et surtout si vite que personne n'en doutât plus au moment où le livre paraîtrait, que ce fût alors chose jugée sans appel et sans rémission. Le concerto a été exécuté sur toute la ligne avec un tel ensemble et un tel entrain, qu'on reste confondu de voir tant de ressources mises au service d'une si mauvaise cause; mais la réflexion est venue; quoique plus fougueux, dans son action parlée, que M. de Monseignat dans ses observations écrites, M. de Séguret, plus stylé que son beau-frère aux distinctions de l'école, et sachant se retourner avec la dextérité d'un avocat consommé dans l'art d'éviter certains écueils, M. de Séguret a compris que le mot était un peu gros pour la circonstance, qu'il pourrait bien, s'il passait de sa parole que le vent emportait, à ses écrits qui resteraient, constituer un délit plus réel que le délit imaginaire qu'il poursuivait ailleurs; alors il s'est pris à

(1) M. H. Carcenac, ancien maire de Rodez, l'un des fondateurs de la Société, démissionnaire le 26 juin 1853, décédé le 17 mai 1855.

le rechercher dans son manuscrit, pour le faire disparaître, avec autant de zèle qu'il en avait mis à le répandre dans son discours. Plus tard, dans un commencement de dissertation juridique assez singulièrement transportée dans l'enceinte de la Société des lettres, et par abus de vieilles réminiscences, il a solennellement déclaré que la *calomnie* était un mot rayé de nos codes.

Plût à Dieu que la chose le fût des relations de la vie ! En attendant, M. de Séguret l'efface du code pour couvrir sa retraite ; mais cette retraite, si habile qu'elle soit, est trop subite pour ne pas découvrir les derrières et pour ne pas passer pour un aveu, disant que nous n'avons rien imputé de faux à la mémoire de M. de Monseignat.

Il est vrai qu'en faisant cet aveu il a fait ses réserves sur la diffamation, qui est l'imputation des faits vrais portant ou pouvant porter atteinte à la considération de quelqu'un ; nous nous bornons, pour le moment, à lui faire observer qu'en marquant lui-même ces différences, il semble reconnaître que la Biographie n'impute rien de faux à M. de Monseignat, que par conséquent tout est vrai, que dès lors le mot de calomnie est de contrebande.

Toutes ces circonstances suffisent pour bien établir quel a été le degré de conviction de M. de Séguret dans la plaidoirie qu'il a entreprise, pour dénaturer l'article biographique, bien plus encore que pour faire respecter la mémoire de son beau-père.

Du reste, un simple souvenir aurait dû suffire à M. de Séguret pour le rendre plus circonspect en matière d'accusation de calomnie. Il n'avait qu'à reporter son esprit sur l'année 1845, époque de la publication d'un écrit (1) qui répandit les plus vives alarmes au sein des familles de notre paisible cité, dont les enfants étaient accusés

(1) Lettre publiée contre les jeunes gens de la ville dans l'*Écho* du 5 juillet 1845.

sans preuve aucune, par l'auteur, de se livrer à d'abominables désordres.

Parmi les moyens imaginés par MM. de Monseignat et de Séguret pour surprendre et tromper l'opinion, il n'en est pas de plus singulier que l'accusation d'*anonyme* imputée à la Biographie, objet de leur courroux. C'est une entreprise hardie en effet que de présenter comme *anonyme*, un écrit dont l'auteur s'est fait connaître dans un précédent volume, tiré à 600 exemplaires, mais cette hardiesse n'a pas suffi à l'intrépidité de ces messieurs.

Au premier mot d'anonyme et sous le feu des paroles violentes et injurieuses dont ils ont rempli la séance du 20 août, je me levai pour mettre un terme à ce faux prétexte, en me déclarant en termes formels, auteur de l'article, dont je ne retirais rien, et que j'étais prêt à justifier dans toutes ses parties.

Après une telle déclaration, faite devant trente témoins, et tellement bien entendue de M. de Séguret en particulier, qu'il a eu soin de faire disparaître de son discours, à l'impression, le mot qu'il avait prodigué en le débitant, il eût paru difficile de persister dans ce système ; cependant, tel est l'empire des idées préconçues sur certains esprits, que le mot a continué sous leur souffle à faire son chemin et à circuler autour d'eux avec une merveilleuse persistance, et qu'ils ont même trouvé le moyen de donner à l'article un auteur qui le désavouait, tout en en refusant la paternité à celui qui la réclamait.

Que voulez-vous, leur siége était fait ; l'anonyme était commode pour eux. Il prêtait à des mouvements oratoires, dans lesquels on s'était complu ; il ne fallait pas laisser dissiper l'illusion produite et renoncer timidement à cet effet si artistement préparé et calculé.

La Biographie sera donc réputée anonyme bon gré, mal gré. Si le bon sens en murmure, si l'honnêteté en souffre, tant pis ! Qu'est cela, près de l'effet qu'on peut en retirer sur la foule qui n'y regarde pas de si près ?

D'ailleurs, avec cette finesse de pénétration et ce tact exquis qu'on sait lui être particuliers, M. de Séguret a reconnu le véritable auteur à divers tours de phrase, et M. de Séguret a acquis une telle justesse d'appréciation en cette matière qu'il ne peut pas s'y tromper.

Après cela, il n'y a plus moyen de douter que mon œuvre est celle d'un autre.

On chercherait vainement, dans le répertoire des choses extraordinaires, une conception plus bizarre et plus audacieuse. Comment se fait-il en effet qu'un homme qui a la prétention d'être cru, lorsqu'il affirme; qui invoque souvent son honorabilité, soit en même temps un homme qui, sans preuves, au mépris d'affirmations formelles, s'obstine à imputer l'offense plus ou moins réelle dont il se plaint, à quelqu'un qui déclare n'y être pour rien, et en face d'un autre qui s'en proclame l'auteur, qui en assume toute la responsabilité et qui en revendique le bénéfice ou l'injure ? Comment se fait-il que devant l'évidence, devant les témoignages les moins suspects pour lui, cet homme ne puisse se résoudre à renoncer à sa marotte, à se défier de l'art conjectural de ses vérifications de style, qui l'ont conduit à une bévue, et qu'il donne en pleine séance d'une société littéraire le spectacle d'un double démenti aussi inintelligent que malséant ?

Quant à l'histoire fantastique du duel, qu'avec plus de raison j'appellerai *la Vision du duel*, l'invention tout entière appartient à M. de Séguret. J'en ai déjà touché un mot au commencement de cet écrit, mais le sujet est assez intéressant pour qu'on y revienne. Dire quel est le jour ou la nuit de cette apparition, c'est chose qu'il n'est pas donné de pénétrer; toujours est-il que M. de Séguret ne l'a vue qu'à distance, car du 20 août, époque à laquelle remonte cet incident, jusqu'au 5 novembre suivant, jour où il publia ses observations dans l'*Écho*, rien ne trahit l'apparition du fantôme. Tout ce qu'il trouve à redire, c'est que je n'ai répondu que par un *froid aveu* et de *vagues menaces*. Comment ces vagues menaces se sont-elles, après trois mois, converties en une provocation en duel? c'est ce qu'il ne sera pas bien difficile de découvrir.

Le renversement des rôles et l'altération des faits par l'habileté du langage, est un tour qui fait souvent illusion à ceux qui écoutent, mais qui ne trompe pas ceux qui le mettent en jeu. M. de Séguret avait conscience de celui qu'il avait joué à ses trop bénévoles auditeurs; il craignait le retour de la réflexion et l'examen attentif sur son texte écrit; il fallait varier ce thème, une occasion favorable allait se présenter à la séance du 4 décembre. A force de provocations et de paroles irritantes, mes adversaires m'avaient arraché un mouvement d'impatience à la séance du 20 août. Ce mouvement, qui pour M. de Séguret n'avait été jusque-là qu'un *froid aveu* et une *vague menace*, prit des proportions nouvelles. Il se rappela qu'il avait poussé les choses si loin, qu'il aurait bien pu s'attirer une mauvaise querelle, et même qu'il en avait eu un instant la peur; mais la peur étant un peu passée et la réflexion venant, le duel bien présenté pouvait fournir de précieuses ressources à sa rhétorique et de très-heureux contrastes avec l'appel que j'avais fait à la concorde, dans la séance du 20 août, contrastes qui pourraient suppléer à l'insuffisance de ceux qu'il avait assez pauvrement exposés.

Voilà par quelles combinaisons successives ce qui, durant plus de deux mois, n'avait été qu'un *froid aveu* et une *vague menace*, est devenu tout d'un coup une *provocation en duel*, et comment il a fourni matière à un mouvement oratoire de père noble, dans la séance du 4 décembre, et à un retentissement plus grand encore dans les journaux.

C'est plus de bruit et plus d'éloquence qu'il n'est d'usage d'en faire pour un duel refusé ; le seul motif honorable qu'on puisse invoquer en pareil cas, est celui du respect de la loi civile et d'une soumission chrétienne aux lois de la religion. Ceux que le devoir seul inspire, sont moins bruyants et ne cherchent pas à faire éclat d'une modération qu'ils ont peine à garder, et qui n'est pas le moins pénible, croyons-nous, des sacrifices qu'ils font à leur conscience.

Mais si, à côté de cet effort de vertu surhumaine, viennent se placer des provocations acerbes, poussées avec calcul jusqu'au degré qui peut mettre à bout de patience celui qu'on veut amener à une explosion, pour en tirer parti, quels noms méritent ce calcul et cette vertu ?

M. de Séguret ne veut pas se battre en duel, et il fait bien ; mais s'il s'abrite derrière cette héroïque résolution pour dépasser les limites de ce qu'on peut faire entendre à un adversaire, faudra-t-il lui décerner un prix de résignation ?

Sera-t-il interdit d'observer comment, à mesure que son goût pour les provocations en paroles, qui amènent ordinairement les duels, s'accroît, ses protestations contre cette coutume barbare se multiplient et deviennent plus retentissantes, de telle sorte que près de chaque nouvelle agression de sa part, vient se poster en sentinelle une nouvelle réclame contre le pernicieux préjugé, et une protestation de son respect pour la loi. Qu'on relise sa lettre du 15 décembre dernier, publiée dans l'*Echo* du 17 du même mois, et qu'on me dise si elle ne pourrait pas se résumer dans ce peu de mots : Je ne veux pas me battre, mais je veux insulter.

Sans prétendre ériger le duel en doctrine, l'on peut

dire que si les mœurs françaises l'ont soutenu, c'est précisément contre ce genre de parleurs, qui veulent abriter leurs provocations sous le vestibule du temple des lois et derrière l'autel.

En le déférant au jury qui peut toujours apprécier les circonstances, la loi moderne s'est montrée plus sage que les anciens édits : il est des provocations que le jury pourra toujours considérer comme mettant l'offensé dans le cas de légitime défense.

Que M. de Séguret s'examine, qu'il scrute son for intérieur et qu'il dise s'il n'a pas agi en véritable provocateur; et si sa conscience l'enferme dans un mutisme intéressé, nous lui dirons qu'il a été entendu d'assez près, par d'assez bons témoins, pour qu'il ne lui soit plus permis de venir faire étalage de son respect pour les lois qui défendent la provocation.

Entre un homme qui supporte une injure avec une douloureuse résignation chrétienne, plutôt que d'en demander la réparation par les armes, et un homme qui offense audacieusement son prochain par ses paroles et par ses écrits, en se drapant ensuite majestueusement dans le manteau des sages qui professent les maximes de la plus haute morale, il y a une énorme différence ; l'un mérite toute l'estime publique, l'autre a beau se décerner des couronnes et s'honorer lui-même, tout cela n'aboutit qu'à une glorification personnelle et qu'à une manifestation déréglée d'amour-propre. Comment, en effet, arranger tant d'emportement avec tant d'horreur de la violence chez les autres ? Vous vous prévalez, dans votre supposition de duel, de ce que j'ai fini par supporter impatiemment vos attaques, après avoir ouvert la séance par un appel à la concorde, mais vous prenez ici l'effet pour la cause ; ce n'est pas moi, vous redirai-je, qui ai méconnu l'appel que je faisais ; c'est vous, vous qui pendant trois quarts d'heure n'avez cessé de prétexter d'un anonyme qui n'existait pas, pour mettre à mon adresse des imputations de calomnie et d'une foule d'autres graves offenses, au sujet d'un écrit dans lequel j'avais mieux observé que vous le respect des lois et les règles de la modération.

En réponse à mon appel à la concorde, vous avez fait un vrai tumulte, dans l'enceinte de la Société des lettres, et vous y avez porté la funeste contagion des dissensions intestines : vous y avez appelé, au mépris de sa liberté, l'intervention étrangère, vous avez mis en oubli toutes les règles d'une discussion régulière, vous m'avez attaqué avec une violence de paroles qui n'a pas connu de bornes, et après tout cela, c'est moi encore qui aurais transformé la séance en arène!

Cette subtilité de votre rhétorique est maintenant percée à jour, et reste pour ce qu'elle vaut. Mais où se montre le désordre des idées dans toute leur incohérence, le voici. M. de Séguret écrit dans la même lettre que le duel dont la pensée semble quelquefois le poursuivre et l'importuner comme un rêve sanglant, est une œuvre détestable que tout bon citoyen doit avoir en horreur, et puis, sur le simple souvenir d'un vers de Corneille qui prouve tout au plus que l'on n'a pas toujours considéré les combats singuliers comme aussi incompatibles avec l'âge et avec la paternité que l'a fait M. de Séguret, dans la pathétique exposition qu'il a faite de ses sentiments à cet égard, le voilà qui se récrie, le voilà qui s'indigne comme si on doutait de son courage, comme si don Diègue l'accusait de lâcheté!

Mais si c'est par respect pour la loi que vous avez contenu l'ardeur qui vous dévore, à moins que vous n'en soyez pas bien sûr, où serait la lâcheté, et où voyez-vous ce vilain mot dans la spirituelle lettre de M. de Tanus?

Voudriez-vous par hasard le bénéfice des sentiments chevaleresques du Cid, et les profits de la résignation légale? On ne peut pas servir deux maîtres à la fois, Baal et le dieu d'Israël; vous avez choisi la plus sûre part, contentez-vous-en.

Jusque-où ne vous êtes-vous pas égaré dans vos bruyantes conversations?—Jusqu'à vouloir, disiez-vous, me faire rendre compte devant la justice de la possession du registre des délibérations du club des jacobins. Que vous importait ce registre, si j'ai tout inventé? je suis tout prêt à rendre ce compte, que tardez-vous à me le demander?

VIII

MÉMOIRE JUSTIFICATIF DE M. DE BARRAU

PRÉSENTÉ A LA SÉANCE DU 4 DÉCEMBRE 1861 ET DONT M. LE PRÉFET DESMONTS A INTERROMPU LA LECTURE (1)

MESSIEURS,

La présidence dont je viens de quitter le fauteuil, impose quelquefois des devoirs difficiles.

Ces devoirs, j'espère les avoir remplis, mais c'est avec un sentiment d'allégement facile à comprendre que je reprends en ce moment possession de mon entière liberté, pour ma légitime défense.

Toutefois je me hâte de vous dire qu'en l'exerçant, je n'oublierai jamais les égards que je dois à une société qui m'a si longtemps honoré de toute sa bienveillance,

(1) J'ai voulu reproduire intégralement cette pièce importante dans l'appel que je fais à l'opinion publique contre l'interdiction arbitraire de sa lecture en séance, au risque de quelques redites résultant de ce qu'elle est d'une date antérieure aux circonstances qui ont nécessité les pages qui précèdent.

et que je n'userai pas de représailles en faisant dégénérer une séance littéraire en scène de club.

J'aurais même voulu vous éviter, Messieurs, de ramener là vos souvenirs, mais vous savez quelle a été la violence des imputations dirigées contre moi, et j'espère que vous jugerez qu'en attendant si patiemment l'heure, où il m'est donné de pouvoir invoquer vos appréciations réfléchies, j'ai donné un gage de quelque valeur près de vous. J'ajouterai de plus, que c'est avec satisfaction que j'ai vu le temps, cet auxiliaire assuré de la vérité et de la justice, donner aux esprits le moyen de se refroidir. Aujourd'hui, Messieurs, vous ne serez plus sous le coup d'une surprise habilement préparée, vous saurez de quoi il s'agit, et vous avez eu le temps de voir si entre les clameurs qu'on a poussées et le prétexte qu'on leur a donné, il y a la moindre proportion.

Depuis 25 ans que j'ai l'honneur de présider cette assemblée, jamais, je ne dirai pas semblable désordre, mais la plus simple infraction aux convenances ne s'était produite parmi nous. Nous avions toujours *socié*, dans les termes de la meilleure intelligence et des égards réciproques que l'on se doit, surtout dans le sanctuaire des lettres. Je n'avais cessé de recevoir de vous jusqu'ici des témoignages flatteurs de la plus parfaite confiance ; vous m'aviez toujours accordé vos sympathies. Il a fallu qu'un malencontreux incident vînt rompre cette belle harmonie dont le souvenir, quoi qu'il arrive, restera comme un des plus précieux et des plus honorables de ma vie.

Amené bientôt par la force des choses à rappeler quelques souvenirs de notre première révolution, n'allez pas croire, Messieurs, qu'en me trouvant lancé sur un pareil terrain, mon intention soit de faire ce qu'on appelle de la politique, et de remettre en cause la conduite des hommes qui prirent part alors à la direction des affaires et exercèrent une influence plus ou moins grande dans leur pays. Non, Messieurs, tel n'a pas été mon but. Je n'ai point à m'occuper ni des opinions en elles-mêmes, ni de la prééminence des unes sur les autres. Ceci sort tout à fait de mon objet. Si je suis amené, je le répète, à rappeler certains faits, c'est qu'on m'a mis dans l'obligation de le faire pour ma propre défense.

Vous avez entendu tout ce qui a été dit ici, vous avez été témoins que je n'en ai pas troublé le cours; d'un autre côté, pris à l'improviste, ignorant ce dont il s'agissait et mesurant naturellement le grief au ton de la plainte, vous avez pu croire à un écrit sans retenue, qui, dépourvu de toute mesure envers les vivants, était allé fouiller dans la cendre des morts, en scrutant leur vie privée, en empoisonnant leur vie publique avec une noire malveillance.

Eh! Comment ne l'auriez-vous pas cru, devant de si véhémentes indignations contre un écrit qu'on flétrissait à vos yeux du stigmate de l'anonyme comme un plus sûr moyen de le faire passer pour calomnieux (1)!

Un écrit est-il anonyme, Messieurs, lorsque son auteur s'est fait connaître, avant sa publication, par la voie de la presse, et qu'en un corps d'ouvrage déjà répandu et portant son nom, il a annoncé que celui dont il s'agit ferait suite au premier?

Voilà pour l'*anonyme*, passons à la *calomnie*. Je sais tout ce qu'il faut concéder aux illusions de famille et ce qu'excuse le titre de fils; des témérités même peuvent, dans ce cas, mériter indulgence; mais est-ce que, sous

---

(1) Ce qu'on lit au procès-verbal ne représente que très-incomplétement le discours de M. de Séguret tel qu'il le débita, en face de tous; on l'a beaucoup abrégé, on en a retranché les passages les plus violents.

ce couvert, on pourra traiter de calomniateurs ceux qui ne sont pas placés sous l'influence de ces illusions? Est-ce que l'obligation de caresser des chimères doit être imposée à l'opinion publique sous peine d'outrage?

S'il n'est pas de titre, même celui de fils, qui confère de telles immunités, combien ne suis-je pas autorisé à renvoyer le mot de calomniateur à celui dont la liberté d'esprit aurait dû être entière pour apprécier les faits, et près duquel les échos du dehors purent avoir un libre accès, et comment un homme grave par l'âge et par la position, pense-t-il, à l'aide de moyens frelatés, faire mentir l'histoire, au risque, par sa contestation, de compromettre davantage la mémoire qu'il prétend couvrir?

Bien que les conventions qui ont servi de base à la rédaction du procès-verbal aient été singulièrement mal observées par mes adversaires, bien qu'ils aient introduit, sans y être autorisés, dans ce procès-verbal, le réquisitoire de M. de Séguret, contre une pièce non produite et retenue sous leurs scellés, j'ai fidèlement respecté ma parole, et pendant que ces Messieurs accréditaient, par les voies de la presse, les préventions qu'ils accumulaient contre mon ouvrage, toute émission de ce dernier demeurait interdite.

Faudra-t-il, Messieurs, que cet état de choses dure encore longtemps, faudra-t-il qu'on laisse à toutes les imaginations le temps de noircir à plaisir ce fond du tableau, présenté avec un art calculé à l'oisiveté publique, faudra-t-il, en un mot, que la société se rende complice de ces combinaisons? Non, elle ne le souffrirait pas pour le dernier venu de ses membres, elle ne voudrait pas même attacher son nom à une telle œuvre pour l'homme qui lui serait le plus inconnu et le plus étranger.

Mais en définitive quel est le but de cette animation, de toutes ces plaintes, et de quoi s'agit-il? J'ai eu le malheur de dire que M. de Monseignat, sur la scène politique, s'était montré versatile et ambitieux, qu'il avait servi tous les pouvoirs. On aura beau scruter et retourner mon article, on n'y trouvera rien de plus, rien de moins. Certes, voilà bien du bruit pour peu de chose.

Or, de deux choses l'une : ou mes imputations sont vraies, ou elles sont fausses.

Si elles sont fausses, que mes adversaires le prouvent, et je prendrai condamnation.

Si elles sont vraies, qu'ils cessent leurs récriminations : à défaut de leurs preuves, je vais donner les miennes.

Vous serez mis à même tout à l'heure de vous prononcer en parfaite connaissance de cause.

Et cependant, avant qu'aucune conviction fût établie, c'est pour satisfaire à des vanités blessées qu'on a suspendu la publication d'un ouvrage impatiemment attendu et qui intéresse tout un pays ; qu'on a pris enfin une mesure inouïe dans les fastes de la presse, celle d'introduire dans un livre dont la publication a commencé, dont le dépôt légal a été fait, un fragment tout à fait en contradiction avec la pensée de l'auteur.

Que voudriez-vous donc de plus? Je m'en vais vous le dire : obtenir que la justice s'en mêle et qu'il soit rendu par elle un arrêt qui proclame M. de Monseignat comme modèle de fixité politique. Eh bien, en attendant les arrêts de la justice des hommes, je vais invoquer la logique des faits.

Mais avant d'aller plus loin, qu'il me soit permis de rappeler un principe qui n'a jamais été jusqu'ici contesté : c'est que l'histoire doit reposer sur des faits certains, et que le narrateur doit jouir de toute liberté et de toute indépendance pour les exposer et les apprécier.

Cette réflexion me conduit à une autre : rien n'est affligeant dans ce monde comme le spectacle de certaines réputations qui s'élèvent on ne sait comment. Des hommes sans convictions se lancent sur la scène politique et parviennent par leur souplesse et leur habileté à se maintenir en faveur sous les différents pouvoirs qui se succèdent. Le temps, qui émousse tous les souvenirs, finit par laisser tomber l'oubli sur leurs commencements, souvent équivoques ou coupables. On s'habitue à ne voir en eux que l'homme qui a réussi, qui a pris rang dans la société par sa richesse, les facultés de son intelligence, son crédit. Ils surnagent en un mot avec l'auréole qui n'entoure que trop souvent le succès. Eh bien, l'histoire peut-elle, sans perdre sa dignité et son plus honorable caractère, admettre ces adulations et pactiser avec de telles complaisances ? A Dieu ne plaise !

J'étais sous l'empire de ces réflexions quand le nom de M. de Monseignat se présenta pour prendre rang dans mon ouvrage. Je ne me dissimulai pas les difficultés que soulèverait cette publication. D'un côté, longue possession d'une renommée dont personne n'avait jamais essayé, du moins publiquement, de saper les frêles bases ; de l'autre, l'inflexible histoire avec ses clartés pénétrantes qui devaient jeter un jour tout nouveau sur cette existence. Je n'hésitai pas ; je n'écoutai que la voix de la vérité. J'avais sous la main des pièces importantes qui rendaient mon rôle de narrateur facile. Je passai sous silence les faits les plus graves, et vous savez comme on a reconnu ma modération. (C'est ici que M. le président interrompit ma défense, en voici la suite.)

M. de Monseignat, investi de toute la confiance du parti fédéraliste, fut chargé, au mois de juin 1793, de coopérer à la rédaction d'une adresse à la Convention nationale contre les jacobins ou montagnards, au sujet des événements du 31 mai, et délégué avec Cambes, de Verfeil, pour porter cette adresse à Paris (1). Il s'agissait d'aller fortifier la cause commune par l'adhésion du département de l'Aveyron. Arrivés dans la capitale et témoins de l'audace et de l'énergie des jacobins, les deux mandataires furent déconcertés, le cœur leur défaillit. Cela n'a rien d'étonnant : tout le monde n'est pas doué du courage civique.

Dans la plupart des lettres qu'on a d'eux et qu'ils écrivaient à leurs collègues du département, il n'est pas même question de l'objet de leur mission. Ils ont l'air de ne s'occuper que du sort de *Charrier*, chef des insurgés de la Lozère, alors détenu dans la tour de l'évêché de Rodez, et dont on préparait le jugement. Ils se livrent à ce sujet à des élans d'ardeur patriotique, tels que celui-ci :

« Redoublez de vigilance dans la garde de ce scélérat, et que rien ne détermine à sa translation. »

(Il paraît qu'on cherchait à le faire juger ailleurs.)

Enfin dans une seule de leurs lettres, ils hasardent quelques mots sur la cause politique qu'ils étaient chargés de soutenir et de défendre, et voici de quelle manière : le passage est curieux.

« ..... Jusqu'ici nous avons adhéré à l'opinion de la députation qui l'a motivée sur ses intérêts, les vôtres et ceux de la chose publique...... Nous ajouterons seulement qu'un député nous a confessé que l'insurrection du 31 et jours suivants (qui renversa les girondins) a été amenée par lui et son collègue, et qu'elle fut un secret à eux deux, d'où vous conclurez avec nous qu'ils ont bien mérité de la patrie, si elle profite à la chose publique (2). »

(1) Registre des délibérations du conseil du département.
(2) Lettre de Monseignat et Cambes aux administrateurs du département de l'Aveyron, 2 juillet 1793.

Une pareille attitude ne devait pas rendre bien redoutables au parti jacobin les émissaires des girondins de l'Aveyron, et l'on pouvait prévoir dès lors qu'un mouvement de complète conversion était proche.

Hâtons-nous d'ajouter que dans ce parti girondin qui avait séduit quelques âmes généreuses, de pareils exemples furent rares, et l'on pourrait citer bien des hommes qui surent supporter leur malheur avec noblesse et dignité. Les Valady, les Flaugergues, les Peschloche, les Riols, les Géraldy, les Bessière, les Rodat, les Delpech, les Andurand, les Dissez, les Perségol, etc. furent vivement persécutés ; mais la pensée ne leur vint jamais de fléchir le genou devant leurs farouches vainqueurs, et moins encore de mendier leurs bonnes grâces et leurs faveurs.

M. de Monseignat ne rentra dans son département que pour assister aux derniers et vains efforts du parti fédéraliste. Avant la fin du mois de juillet, cette cause était à jamais perdue.

Vous avez cru sans doute, d'après le dire de ses amis, que, dès ce moment, il s'était retiré de la vie publique pour attendre des temps meilleurs.

Les documents officiels vont parfaitement vous édifier sur ce point, et l'on verra qui, de mes adversaires ou de moi, a trahi la vérité.

Tranchons le mot, et disons tout simplement que lorsque la lutte fut terminée et que tout espoir de résistance ou de succès se fut évanoui, le mandataire girondin passa avec armes et bagage à l'ennemi.

J'appelle ici, Messieurs, toute votre attention sur l'ordre des faits et la nature des pièces authentiques qui les constatent.

M. de Monseignat, disent ses panégyristes, se sépara des temps mauvais de la Révolution.

Était-il bon, aux mois de mars et d'avril 1793, ce régime que vint inaugurer parmi nous le capucin Chabot, et auquel adhérait pleinement, par le fait, M. de Monseignat, en requérant, comme procureur de la commune, l'exécution des actes sauvages de cette terrible autorité, et poussant le zèle jusqu'à aller fouiller lui-même le domicile de ses compatriotes suspects (1) ?

Étaient-ils bons ces jours d'octobre, de novembre et de décembre 1793, où les soldats de l'armée révolutionnaire promenaient leurs torches incendiaires dans nos campagnes désolées, entassaient les suspects et les proscrits dans toutes les prisons, profanaient les églises et mutilaient notre cathédrale qui porte encore des traces de ce vandalisme ? Que faisait dans ce temps M. de Monseignat ? Il recevait des jacobins, en compagnie des plus fougueux démocrates, la mission d'aller prêcher la levée en masse (2), mission qui impliquait déjà une grande confiance de la part de ceux qui la donnaient.

Il était juge du tribunal de district qui fournissait à tour de rôle les membres du tribunal criminel (3).

Il présidait la Société populaire des jacobins de Rodez, pouvoir qui éclipsait déjà tous les autres, foyer ardent d'où partaient toutes les dénonciations, toutes les mesures de terreur (4).

---

(1) Procureur de la Commune de Rodez, le 8 décembre 1792 jusqu'au 6 octobre 1793 (registre de la commune de Rodez). — L'un des commissaires pour la première visite des suspects de Rodez, le 30 avril 1793 (registre des arrêtés du Directoire du département).

(2) Liste des commissaires adjoints, nommés le 13 septembre 1793 par la Société populaire, pour prêcher la levée en masse.

(3) Le 24 septembre 1793, nommé juge du tribunal du district de Rodez, où il figurait comme suppléant; démissionnaire avant l'épuration du 21 brumaire par les délégués du représentant du peuple Taillefer. Voir l'arrêté de la commission civile révolutionnaire du 21 brumaire an II (11 novembre 1793).

(4) Président de la Société populaire de Rodez dans les mois d'oc-

Il recevait des montagnards le mandat de transmettre à la Convention nationale des lettres de prêtrise et vains titres de doctorat dont un prêtre apostat venait de faire hommage à la Société (1).

Etaient-ils purs ces jours de nivôse an II (janvier 1794) où le sang des victimes ruisselait sur nos places, où les croix étaient abattues et mutilées, où nos compatriotes égarés élevaient un temple à la Raison ? — Que faisait alors, dirons-nous encore, M. de Monseignat ? Il appartenait toujours à cette Société populaire où l'on faisait la motion de poursuivre, jusque dans les rangs de l'armée où il s'était réfugié, M. de Cabrières dont on invoque aujourd'hui le nom pour s'en faire une égide (2).

Il est vrai que par contre il recevait peu de jours après de cette même Société l'honorable mission de présenter à la Convention nationale la défense du capucin Chabot dont les crimes avaient comblé toute mesure (3).

Il était enfin député par les montagnards de Rodez vers la municipalité *pour l'inviter de donner l'exemple aux autres districts, en faisant abattre de suite les clochers de son territoire* (4).

Et ici, Messieurs, je n'accuse pas, je me défends. Et quelque tristes que soient les souvenirs que je rappelle, n'oubliez pas qu'on m'a mis dans la pénible nécessité de les évoquer, en niant ma bonne foi et ma sincérité comme écrivain. Je n'avais rien dit de ces énormités dans mon écrit.

Et pendant ce mois de pluviôse, si remarquable entre tous les autres, par le délire qui semblait avoir tourné

tobre et de novembre 1793, présidence mentionnée dans la séance du 27 frimaire suivant, registre de la société populaire, p. 25.

(1) Séance du 9 frimaire, p. 14.
(2) Registre de la Société populaire, séance du 17 nivôse, p. 40.
(3) Registre de la Société populaire, séance du 22 nivôse, p. 51.
(4) Registre de la Société populaire, séance du 21 nivôse (10 janvier 1794), p. 49.

toutes les têtes, que faisait M. de Monseignat ? Il prêtait complaisamment sa plume aux jacobins pour raconter à la Convention nationale tous les détails de cette *journée mémorable du 15, où les citoyens de Rodez, détrompés des erreurs du mensonge et de la superstition, avaient solennellement renoncé au culte de leurs pères* (1). Cette pièce est imprimée, je la mets sous vos yeux.

Elle a même reçu une sorte de consécration historique, car un écrivain, à ce qu'on assure, en parle dans ses ouvrages et la cite comme un monument des ridicules aberrations de l'esprit humain à cette époque. Jugez-en par vous-mêmes.

« Réunis en assemblée générale avec tous les habi-
« tants de Rodez convoqués dans le temple de la Raison,
« nous venons d'éprouver son heureuse influence, et
« de lui rendre un hommage digne d'elle.

« Après une discussion paisible et large, nos conci-
« toyens ont vu le danger dont menaçait l'unité de la
« république la bizarre diversité des cultes publics, et
« l'impossibilité de les réduire en un seul, sans les dé-
« truire tous. Ils se sont convaincus de l'inutilité des
« *pantomimes* soi-disant religieuses, aussi indifférentes
« à la Divinité qui en était l'objet apparent, que profita-
« bles aux seuls principaux acteurs qui en avaient la
« direction.

« Ils ont senti le besoin de faire disparaître tous les
« intermédiaires qui s'opposaient à la communication
« intime de l'homme avec son auteur.

« Que l'esclave toujours vil s'adresse à un autre es-
« clave pour faire parvenir à son maître ses humbles et
« timides supplications ! L'homme libre a la conscience

(1) Délibération de la Société populaire du 15 pluviôse (3 février 1794) par laquelle le citoyen Monseignat-Barriac est chargé de faire ce récit. (Même registre, p. 67.)

« de sa dignité ; il sait que l'hommage d'un républicain
« n'a pas besoin d'interprète, de chant ou de cérémonial
« pour être agréable à l'Éternel.

« Que la superstition et l'idolâtrie se réfugient dans
« des temples ! L'homme vertueux porte dans son cœur
« celui de la Divinité.

« Pénétrés de ces motifs, élevés à la hauteur des cir-
« constances, tous les citoyens de Rodez ont librement,
« dans l'effusion de leur joie, les épanchements de la
« fraternité et les transports de l'enthousiasme le mieux
« prononcé, voté, à l'unanimité, la renonciation solen-
« nelle à tout culte public, au milieu des cris mille fois
« répétés, des expressions synonymes : Vive la républi-
« que ! vive la montagne ! vive la Convention !

« Revenus à jamais des longues erreurs de nos aïeux,
« nous nous félicitons de pouvoir les utiliser, en dépo-
« sant dans les creusets ou les fonderies de la nation,
« les résultats aussi pompeux que stériles du luxe de
« ces pontifes et de la pieuse crédulité de leur trou-
« peau. »

Suit la longue énumération des *magnifiques dépouil-
les* des églises, offertes à la nation : matières d'argent
(vases sacrés), bronze des cloches, fer, cuivre rouge,
plomb et étain.

Puis, toujours dans le même mois de pluviôse,
M. de Monseignat reçut la mission de diriger les opérations
de l'atelier général du salpêtre, établi dans notre vieille
cathédrale (1). Or, ces opérations consistaient à faire,
pour lessiver les matières, de grands feux qu'on alimen-
tait avec les retables, les tabernacles, les statues, les
chaires et toutes les boiseries des ci-devant églises.

Les terribles mois de ventôse, de germinal, de floréal

(1) La nomination du citoyen Monseignat à cet emploi est du 24 pluviôse. (Registre des arrêtés de la commune.)

et de prairial (mars, avril, mai, juin 1794), se passèrent sans que la faveur dont jouissait M. de Monseignat auprès des jacobins éprouvât la moindre altération.

C'est dans ce temps que deux cents prêtres, élite du clergé du diocèse, partaient pour les pontons de Bordeaux ou de la Rochelle, première étape de la Guyane ! C'est alors aussi que huit têtes de prêtres roulaient sur nos places publiques !

Nous touchions à la fin de messidor (juillet), et rien ne faisait prévoir que le moindre danger menaçât M. de Monseignat, lorsqu'un ordre émané du redoutable Comité de sûreté générale vint provoquer son arrestation et son transfert à Paris.

A ce coup inattendu, les montagnards de Rodez, ses confrères, vivement émus, se réunissent pour conjurer le danger qui menaçait sa tête. Dans la séance extraordinaire du 6 thermidor, ils s'empressent de déclarer à l'unanimité « que le citoyen Monseignat, après son retour de
« Paris, avait franchement avoué son erreur ; qu'il avait
« reconnu que l'insurrection du 2 juin (qui renversa
« les girondins) était légitime, et que le côté gauche de la
« Montagne voulait sincèrement, et voulait seul la Répu-
« blique une et indivisible ; qu'à son arrivée, il s'était em-
« pressé de provoquer des autorités constituées le rapport
« des arrêtés liberticides qu'elles avaient déjà pris (1). »

Ceci se passait le 6 thermidor (24 juillet 94), et trois jours après, les montagnards et leur chef Robespierre étaient renversés du pouvoir et terrassés.

La réaction fut des plus vives : de formidables cris de vengeance éclatèrent d'un bout du pays à l'autre contre les oppresseurs.

---

(1) Registre de la Société populaire, n° 246. — Cette déclaration des jacobins fut renouvelée avec une nouvelle instance dans la séance du 3 fructidor, n° 173.

Quelque légitimes et fondés que fussent les griefs élevés contre eux, il était difficile de penser que M. de Monseignat, admis si longtemps dans leur intimité et protégé par eux aux jours de péril, voulût se porter leur accusateur.

Il en fut pourtant ainsi. Il prit part à la rédaction de cette pièce (1), l'une des plus curieuses de nos annales révolutionnaires et à laquelle nous devons de précieuses révélations. Mais peut-être l'écrit en question ne contient-il qu'un blâme général contre un système de sanglante oppression justement réprouvé, sans désignation particulière de personnes et de faits ? L'écrit nomme en toutes lettres les individus, signale leurs actes avec les circonstances les plus aggravantes, et n'omet rien de ce qui peut provoquer le plus sévère jugement de la part des contemporains et de la postérité. C'est l'accusation la plus violente qui ait jamais été formulée contre un parti politique. J'en mets un exemplaire sous vos yeux.

Il demeure donc bien avéré, bien établi, qu'après la ruine des girondins, M. de Monseignat servit le parti jacobin, et que ce fut pendant la période la plus mauvaise de la révolution, de septembre 1793 à la fin de juillet 1794, 11 mois.

Il sera maintenant évident pour les plus prévenus et les plus aveugles que je n'ai point exagéré et encore moins calomnié.

Peut-être M. de Monseignat était là à contre-cœur, nous dira-t-on. C'est possible. Nous n'avons pas dit le contraire. Mais toujours est-il qu'en participant aux ac-

(1) Rapport contre les jacobins lu à la séance de la Société populaire — du 3 floréal an III — M. de Monseignat avait été nommé le 9 germinal précédent avec Arsau et Masars par la Société populaire, commissaire pour faire *un relevé des délibérations commandées par les terroristes de la commune de Rodez et des actes vexatoires dont ils se sont rendus coupables.*

tes du parti le plus violent, il en assumait sa part de responsabilité.

J'ai hâte de finir. M. de Monseignat continua paisiblement sa carrière de fonctions publiques, sous tous les gouvernements qui se succédèrent jusqu'à l'année 1845, époque de sa mort. Il avait occupé des emplois, la plupart salariés, sous onze pouvoirs différents, y compris les onze mois de la Terreur.

Peut-être ai-je trop avancé en disant que sa carrière fut jusqu'à la fin paisible. Quelques nuages en obscurcirent le cours sous la deuxième restauration. Ce gouvernement qui l'avait conservé en 1814, lui sut mauvais gré de l'avoir délaissé pour s'attacher à la fortune de Napoléon revenant de l'île d'Elbe. M. de Monseignat, qui ne pouvait se faire à l'idée de perdre la faveur du pouvoir dominant, se défendit en disant : « qu'il n'y avait d'autre motif que celui *d'avoir eu le malheur d'être, malgré lui, nommé pendant les Cent-Jours à des fonctions où son silence et son inactivité avaient suffisamment montré son improbation* (1). »

C'est bien là, ou je ne m'y connais pas, renier l'Empire, mais l'Empire venait de tomber, le colosse n'était plus.

Des informations eurent lieu, et ceci me ramène à ce qu'on a pompeusement débité de ses intimes relations avec les hommes les plus considérables de l'époque.

Un de ces hommes, celui peut-être à l'estime duquel on attachait le plus de prix, consulté dans l'occasion dont il s'agit sur le caractère et la position politiques de M. de Monseignat, répondit en propres termes : « Il faut
« avouer qu'il est difficile d'avoir plus à se reprocher
« que Monseignat sur ses opinions et sa conduite pen-

---

(1) Lettre du baron Capelle, 12 septembre 1816.

« dant les trois mois. Il a donné complétement dans
« le *pot au noir*, et, comme il faut tout dire, l'ambition,
« les conseils et l'exemple de sa famille ont éteint tou-
« tes les lumières de sa raison (1). »

Les conclusions motivées de cette lettre sont pour que
M. de Monseignat soit laissé de côté.

Ces conclusions furent adoptées; on ne le rappela
que quelques années après (1821). Voilà la lettre du baron Capelle qui fait la demande, et la minute de la réponse qui fut faite à ce sujet.

Il paraît que M. de Monseignat tenait singulièrement
à rentrer en grâce avec la Restauration, car les mêmes
instances, appuyées sur les mêmes motifs (d'éloignement
pour l'Empire) se trouvent répétées dans une autre lettre
adressée par lui à M. Delauro, député de l'Aveyron,
dont il invoque l'appui pour obtenir sa réintégration (2).

L'on peut comprendre maintenant quelle avait été ma
réserve à l'égard de celui dont on a voulu me faire passer pour le calomniateur, et si, pour ma défense personnelle et à mon grand regret, j'ai déroulé une série de
faits qu'il n'était pas dans ma pensée de livrer à la publicité, que la responsabilité tout entière en revienne à
ceux qui m'ont si témérairement provoqué!

CONCLUSIONS.

J'ai écrit des notices qui font suite au travail que j'ai
publié sur les familles du Rouergue; on vous en a dénoncé une comme anonyme et calomnieuse; j'ai prouvé

---

(1) Réponse à la lettre du baron Capelle.
(2) Lettre de M. de Monseignat à M. Delauro, 5 octobre 1815.

qu'elle n'était ni l'un ni l'autre, et que j'étais demeuré, comme historien, dans une grande modération.

On a essayé d'une surprise envers vous pour vous engager au service d'un intérêt privé contre l'intérêt d'une sage liberté historique. Pour moi, pénétré des devoirs que m'impose la longue confiance que vous m'avez accordée, loin de chercher à vous engager dans ma cause, je n'aspire qu'à vous dégager de toute solidarité dans une affaire purement personnelle, dont j'entrevois le danger pour ce paisible asile des lettres.

Le procès-verbal constate inexactement les faits de votre précédente séance, énonçant que mes propositions à la famille de Monseignat, propositions émanées de ma libre volonté, m'avaient été imposées par un vote impliquant une décision prise contre moi par la Société. En fait, il n'y a pas eu décision de la part de la Société, et il ne pouvait pas y en avoir, puisque la pièce dont il s'agissait n'était ni publiée ni connue de tous ceux auxquels on en appelait.

Je demande donc que la Société délibère au scrutin secret sur ma proposition ainsi formulée :

1° La Société, laissant les parties à leur entière liberté, déclare que l'émission de l'ouvrage sur les Ordres équestres ne regarde que l'auteur, qui en a toute la responsabilité, et qu'elle n'entend y apporter aucun obstacle ni aucune modification.

2° Attendu que la famille de Monseignat a fait introduire dans le procès-verbal ses observations, le soussigné demande que, par une juste réciprocité, les siennes y soient introduites aussi.

Sont entre les mains de l'auteur :
1° Copie des lettres écrites aux administrateurs du

département de l'Aveyron, par les citoyens Monseignat et Cambes, en juin 1793. L'original se trouve aux archives du département.

2° Registre des délibérations de la Société populaire de Rodez pendant la Terreur.

3° Récit de ce qui s'est passé au temple de la Raison lorsque les citoyens de Rodez ont renoncé au culte public. Pièce imprimée.

4° Rapport des commissaires chargés en germinal an III, par la Société populaire régénérée, de présenter le tableau des actes tyranniques du parti jacobin. Pièce imprimée.

5° Lettre du baron Capelle, 12 septembre 1816 et réponse.

6° Lettre de M. de Monseignat à M. Delauro, député, 5 octobre 1815.

Les autres documents mentionnés appartiennent aux archives publiques.

FIN.

www.ingramcontent.com/pod-product-compliance
Lightning Source LLC
LaVergne TN
LVHW020943090426
835512LV00009B/1685